A REVOLUÇÃO CUBANA
Uma reinterpretação

VÂNIA BAMBIRRA

A REVOLUÇÃO CUBANA
Uma reinterpretação

Tradução
Elisabeth Zorgetz e Leonardo Griz

1ª edição
Expressão Popular
São Paulo – 2024

Copyright © 2024, by Editora Expressão Popular Ltda.

Traduzido de: Bambirra, Vania. *La revolucion cubana: una reinterpretacion.* México: Editorial Nuestro Tiempo, 1974.

Produção editorial: Miguel Yoshida
Tradução: Elisabeth Zorgetz e Leonardo Griz
Revisão da tradução: Carla Cecilia Campos Ferreira, Alice Schmitz Toldo e Alexandre Carlos de Araújo Filho
Preparação de texto: Milena Varallo
Revisão: Lia Urbini e Miguel Yoshida
Projeto gráfico e diagramação: Zapdesign
Capa: Felipe Canova

Dados Internacionais de Catalogação-na-Publicação (CIP)

B199r   Bambirra, Vânia
        A revolução cubana: uma reinterpretação / Vânia Bambirra, tradução Elisabeth Zorgetz e Leonardo Griz. 1.ed. São Paulo: Expressão Popular, 2024.
        232 p.

        ISBN 978-65-5891-144-9
        Título original: Revolución Cubana: una reinterpretación.

        1. Revolução cubana. 2. A revolução democrática - Cuba. 3. Revolução socialista – Cuba. I. Zorgetz, Elisabeth. II. Griz, Leonardo Griz. III. Título.

                                     CDU 972.91
Catalogação-na-Publicação: Eliane M. S. Jovanovich - CRB 9/1250

Todos os direitos reservados.
Nenhuma parte deste livro pode ser utilizada ou reproduzida sem a autorização da editora.

1ª edição: julho de 2024

EDITORA EXPRESSÃO POPULAR
Alameda Nothmann, 806 – Campos Elíseos
CEP 01216-001 – São Paulo – SP
atendimento@expressaopopular.com.br
www.expressaopopular.com.br
🅕 ed.expressaopopular
🅞 editoraexpressaopopular

SUMÁRIO

Nota técnica do Memorial-Arquivo Vânia Bambirra à edição brasileira 7
Carla Cecilia Campos Ferreira

Prefácio à edição brasileira 11
José Bell Lara

Apresentação à edição mexicana 17
Editora Nuestro Tiempo

Prólogo 19
Ruy Mauro Marini

Nota prévia 31
Vânia Bambirra

Nota à edição mexicana 37
Vânia Bambirra

PRIMEIRA PARTE: A GUERRA REVOLUCIONÁRIA

A estratégia insurrecional e sua origem de classe 41

Novas tentativas de insurreição urbana 57

Rumo a uma reavaliação do Movimento 26 de Julho 71

A greve geral 81

O movimento operário cubano 99

A mudança de estratégia 115

Por que triunfa a estratégia guerrilheira? 125

SEGUNDA PARTE: DA REVOLUÇÃO DEMOCRÁTICA À REVOLUÇÃO SOCIALISTA

A revolução democrática 145

Sobre o caráter da revolução 161

Rumo à revolução socialista 185

Dificuldades econômicas na transição ao socialismo 207

Seleção de Fontes Consultadas sobre Cuba e a Revolução Cubana 221

APÊNDICE

Repercussões da Revolução Cubana na América Latina 227
Vânia Bambirra

NOTA TÉCNICA DO MEMORIAL-ARQUIVO VÂNIA BAMBIRRA À EDIÇÃO BRASILEIRA

CARLA CECILIA CAMPOS FERREIRA[1]

Esta edição de *A Revolução Cubana: uma reinterpretação* é lançada no Brasil 50 anos após a sua primeira publicação, feita pela editora mexicana Nuestro Tiempo, de 1974. Um ano antes, a obra havia sido impressa em Santiago, Chile, porém, incinerada logo na sequência pela ditadura militar que se instaurou em 1973. O livro ainda estava na gráfica da Editorial PLA quando adveio o golpe militar desferido contra o governo da Unidade Popular, de Salvador Allende. Um exemplar daquela edição foi salvo por Frank Teruggi, um estudante estadunidense que o enviou aos EUA pelos correios a Paul Sweezy, possibilitando salvar seu conteúdo. Esse jovem, tristemente, foi fuzilado no Estádio Nacional, em Santiago, poucos dias depois, em mais um ato vil das forças repressivas da ditadura de Augusto Pinochet. À sua memória, dedicamos o trabalho que realizamos para a edição brasileira.

Esta tradução ao português foi efetuada a partir do original em espanhol publicado no México em 1974. Os tradutores Elisabeth Zorgetz e Leonardo Griz trabalharam de modo voluntário durante a pandemia de Covid-19. A revisão da tradução foi realizada pela coordenação do Memorial-Arquivo Vânia Bambirra após o fim da emergência pandêmica, com a colaboração da historiadora Alice

---

[1] Professora da Escola de Serviço Social da Universidade Federal do Rio de Janeiro (UFRJ) e coordenadora do Memorial-Arquivo Vânia Bambirra.

Schmitz Toldo e do estudante de Serviço Social e bolsista de Extensão do Memorial-Arquivo Vânia Bambirra (Profaex/UFRJ/2023) Alexandre Carlos de Araújo Filho, a quem somos gratos pela dedicação.

Agradecemos à Expressão Popular por acolher a orientação deixada por Vânia Bambirra, convidando o historiador cubano José Bell Lara para escrever o prefácio à edição brasileira. Da mesma forma, agradecemos ao professor Mathias Seibel Luce por facilitar os contatos para que esse desejo de Vânia se tornasse realidade. Nosso muito obrigado a Nádia Bambirra dos Santos pelo apoio às atividades de preservação da memória de sua mãe que desenvolveu junto ao Memorial-Arquivo Vânia Bambirra. Por meio do Memorial, o conjunto da obra da autora, excetuando os títulos com tiragem comercial em circulação, pode ser consultado no portal <https://www.ufrgs.br/vaniabambirra>, de modo a contribuir com a difusão desse importante legado.

Adotamos na revisão da tradução a busca pela maior fidelidade possível ao texto e às ideias da autora, tomando em conta a morfossintaxe da língua de chegada. Nesta edição, explicitamos elementos que se encontravam omissos no texto fonte, visando evidenciá-los. Assim, as siglas citadas aparecem com seu conteúdo completo sempre na primeira vez que figuram no texto. No mesmo sentido, considerando que o original da autora foi escrito em 1972, foram tornadas evidentes as temporalidades de modo a evitar ambiguidades, como nos casos em que a autora se referiu ao "século passado" mencionando o século XIX, ou quando mencionou simplesmente determinadas décadas, referidas aos decênios do século XX. Por isso, as datas aparecem completas. As referências bibliográficas que, eventualmente, apresentavam alguma informação incompleta, foram complementadas, respeitando as informações dos títulos e das edições originais consultados pela autora; essas informações foram indicadas entre colchetes. Quando Vânia Bambirra referiu-se a outros textos de sua autoria, e estes textos encontravam-se disponíveis no *site* oficial do Memorial-Arquivo Vânia Bambirra,[2] fizemos essa indicação ao leitor e à leitora.

Em algumas situações, foram tomados de empréstimo termos ou expressões originais do espanhol, mantendo-os intactos na edição em português e indicando-os em itálico. Essa escolha ocorreu quando as palavras disponíveis em português não expressavam adequadamente o significado contido no original. De modo similar, todas as siglas, títulos de documentos e manifestos citados foram mantidos no idioma original, a fim de facilitar eventuais cotejamentos em pesquisas posteriores. E, para conferir maior clareza e fluidez ao texto, sempre que julgamos necessário, acrescentamos Notas da Supervisão da Tradução (NST). Registramos ainda que, à diferença do original, as citações longas utilizadas pela autora foram formatadas com recuo de parágrafo e fonte menor, em benefício da leitura e compreensão.

Finalmente, cumpre assinalar que esta edição brasileira é também acompanhada de um apêndice, trazendo a tradução da conferência de Vânia Bambirra, proferida em 1975, na Universidad Nacional Autónoma de México (Unam), sobre as *Repercussões da Revolução Cubana na América Latina*.

Com isso, esperamos contribuir para que o público brasileiro tenha acesso a uma edição criteriosa deste livro, que Vânia Bambirra considerava uma das principais contribuições de seu legado intelectual.

---

[2] Disponível em: <www.ufrgs.br/vaniaBambirra/>. Acesso em: 14 maio 2024.

vania bambirra

A REVOLUÇÃO CUBANA

uma reinterpretação

centelha

Acervo do Memorial-Arquivo Vânia Bambirra

PREFÁCIO À EDIÇÃO BRASILEIRA[1]

José Bell Lara[2]

O triunfo da Revolução Cubana e a sua transição socialista abriu uma nova época na América Latina. Em primeiro lugar, elevou o nível das lutas populares e de classes, que tiveram em grande parte uma manifestação insurrecional. Em segundo lugar, impactou as concepções que prevaleciam sobre as sociedades latino-americanas, cujo questionamento levou ao surgimento da teoria marxista da dependência, da qual Vânia Bambirra foi um dos expoentes.

Contudo, a difusão da experiência da Revolução Cubana sofreu uma tremenda mutação, dando origem à propagação de uma visão simplista sobre o processo insurrecional cubano. Quer dizer, essa visão simplista situava o foco guerrilheiro como elemento praticamente único do processo insurrecional.

---

[1] Tradução de Carla Cecilia Campos Ferreira.

[2] José Bell Lara (Guantánamo/Cuba, 1939) é Sociólogo, Professor da Universidade de Havana e Pesquisador da Faculdade Latino-Americana de Ciências Sociais (FLACSO-Cuba). Foi fundador e editor da Revista Pensamiento Crítico (1967-1971) e professor convidado do Centro de Estudios Socioeconomicos da Universidad de Chile/Ceso (1971-1972) e de diversas universidades latino-americanas e europeias. Recebeu o Diploma Julio Le Riverend Brussone outorgado pela União Nacional de Historiadores de Cuba pela relevância de sua obra e foi homenageado com a Orden Carlos Finlay, concedida pelo Conselho de Estado da República de Cuba a personalidades nacionais e estrangeiras por suas contribuições ao desenvolvimento social e econômico da ilha caribenha. É autor de numerosas publicações, entre as quais os livros *Cuba: una perspectiva socialista en la globalización capitalista* (La Habana, Editorial de Ciencias Sociales) e *Documentos de la Revolución Cubana: 1959-1965*, pelo qual foi agraciado com o prêmio da Academia Nacional de Ciências de seu país. É um dos cientistas sociais cubanos mais citados no mundo. Seu mais recente trabalho é o livro *Documentos de la Revolución Cubana. La crisis de octubre* (La Habana, Editorial de Ciencias Sociales, 2022).

Desde sempre, a guerrilha assumiu um papel importante. E a concepção de Fidel e dos dirigentes da luta contra a ditadura de Fulgencio Batista era combinar a insurreição armada com a greve geral. Quer dizer, não houve nenhum processo insurrecional desligado da realidade nacional e de outras formas de luta. Essa falsa interpretação foi chamada de "foquismo". E Bambirra, sob o pseudônimo de Clea Silva, demonstrou os erros dessa teoria em artigos que publicou, especialmente em um que saiu na revista *Montlhy Review*. A autora também empreendeu trabalhos para resgatar os elementos fundamentais da experiência insurrecional cubana. Esse é o principal mérito deste livro, que constitui um avanço nessa direção.

Se fosse escrevê-lo nos dias de hoje, a autora poderia talvez rever algumas das apreciações sobre o desenvolvimento da luta insurrecional em Cuba, já que a distância no tempo permite que o panorama seja melhor analisado. Considero que o estudo de Vânia é a demonstração objetiva da falsidade da teoria foquista. Isso é o mais importante do livro. Além disso, é importante notar que a autora não abordou apenas a Revolução Cubana. Anteriormente, ela havia publicado uma antologia intitulada *Diez años de insurrección en América Latina*, na qual havia solicitado a colaboração de alguns cientistas sociais, líderes políticos, guerrilheiros etc., para apresentarem suas experiências. E essa antologia tem um prólogo escrito por ela. Assim, em certo sentido, pode-se considerar que *A Revolução Cubana: uma reinterpretação* culminou uma etapa de suma importância na evolução do pensamento de Vânia.

Não me deterei em detalhes do livro. Porque considero que devemos ver a importância da autora não só na dimensão do estudo dos processos de insurreição na América Latina, mas também nas Ciências Sociais. E, nesse sentido, a Revolução Cubana teve um impacto nessas ciências. Quer dizer, a transição socialista cubana começou a levantar diversas questões. Entre elas, qual é o caráter da sociedade latino-americana? Quem eram os principais atores na luta pela emancipação do continente?, entre outros fatores. Tudo isso deu origem a um amplo e rico debate porque, sem dúvida, a visão que existia até então sobre a América Latina era a visão tradicional que fora difundida pela concepção imperialista, de desenvolvimento e subdesenvolvimento, a qual emergiu após a Segunda Guerra Mundial. Segundo essa concepção, os países coloniais e dependentes são convertidos em países subdesenvolvidos e a sua tarefa era alcançar as condições dos países industrializados do centro do sistema capitalista.

Penso, portanto, que é importante salientar isso. Quer dizer, o impacto nas Ciências Sociais. Porque a reflexão sobre o continente levou ao aparecimento da teoria marxista da dependência. A teoria da dependência não apareceu de repente nem teve uma corrente única, mas foi um processo de aproximações sucessivas. Especialmente por parte daqueles que se apoiavam no marxismo, que se baseavam no critério da verdade e em um compromisso político. Pois, se há algo importante quando se revisa a vida de André Gunder Frank, de Vânia Bambirra, de Ruy Mauro Marini, de Theotonio dos Santos é que eles estão comprometidos com os processos políticos. Inclusive, Bambirra foi militante da Organização Revolucionária Marxista – Política Operária (Polop), o que causou seu exílio.

Portanto, é muito importante não esquecer essa dimensão. Acredito que a contribuição de Vânia na Teoria Marxista da Dependência esteve na classificação dos países da América para buscar compreender por que alguns tiveram um processo de industrialização e outros não. E como, nestes últimos, esse processo de industrialização começa a ocorrer sob o domínio imperialista. Essa classificação foi importante na época. Claro que, hoje, as circunstâncias são mais complexas. Mas temos que nos situar nos anos 1960, na década em que todos aprendíamos sobre a realidade da América Latina, na década em que chegavam aqui as Ciências Sociais do Império, que era chamada de sociologia científica, a qual se difundia em múltiplos textos e editoriais. Romper com todo esse quadro de pensamento foi um fator muito importante para o desenvolvimento das Ciências Sociais latino-americanas.

Penso também que, no caso cubano, devemos levar em conta que a luta pela independência de Cuba ocorreu num momento em que o capitalismo entrava na sua fase imperialista. E isso significa ou aponta que a Revolução Cubana foi a primeira revolução num país neocolonial. E, de fato, quando se analisa todo o processo da Revolução Cubana, se vê que este foi um movimento social que incorporou todas as camadas da população. Não se pode separar isso e fazer classificações automaticamente. Tanto a luta de José Martí pela independência de Cuba como o Movimento 26 de Julho eram, de fato, por necessidade, organizações pluriclassistas, mas prevaleceram nelas os setores mais radicais. A morte de Martí impede a hegemonia desses setores. Porém, mais tarde na história, a presença do Exército Rebelde, de Fidel, de Raul e de homens e mulheres que lutam diretamente, e as frações do setor urbano do Movimento 26 de Julho são o que leva à radicalização da Revolução e leva a rechaçar o retorno a uma situação de neocolônia, o que é muito importante.

Ao mesmo tempo, acredito que o livro *O capitalismo dependente latino-americano* (1972/1973) é outro título importante da autora. Ressalto, de passagem, que naquela obra Vânia aponta o papel que o investimento estrangeiro desempenha na geração de processos de endividamento. No entanto, uma década depois, vem a *crise da dívida*, porque o capitalismo entra numa nova fase em que a dívida começa a se tornar o principal mecanismo de dominação dos nossos países. Isso é importante. Porque o cientista social não apenas trata sobre o momento, mas vislumbra alguns fenômenos futuros. Por isso, creio que é importantíssimo visitar algumas das contribuições de Vânia naquele texto.

Em relação a Cuba, a Revolução Cubana triunfa no momento de transição para uma nova situação de dependência. Ou seja, a autora não classifica Cuba em tipo A ou B, como fez com os outros países da região n'*O capitalismo dependente latino-americano*, sendo os de tipo A aqueles que geraram seu próprio processo de industrialização ao longo de décadas, e que tiveram esse processo apropriado, em seguida, pelo imperialismo; e os países de tipo B aqueles em que o processo de industrialização foi desenvolvido diretamente sob controle imperialista. Ora, no caso cubano, o processo insurrecional ocorre no próprio momento de transição para essa situação. Cuba serviu de laboratório para alguns aspectos, como foi o caso do deslocamento produtivo. Aqui se estabeleceram algumas empresas estadunidenses, que pretendiam exportar seus produtos a partir de Cuba para toda a América Latina. Quer dizer, montá-los em Cuba e ter acesso ao mercado latino-americano. Também não se pode esquecer que em Cuba era impressa a revista *Reader's Digest*, distribuída em todo o mundo. Mas, sobretudo, a edição latino-americana, que naquela época era a revista de maior circulação no mundo, difundindo a ideologia do império, era feita em Havana. E eles tiveram e criaram, aqui, os elementos fundamentais para isso. Creio que esses são alguns dos elementos que devem ser apontados sobre este livro e que, sem dúvida, é útil resgatá-lo.

Gostaria de salientar, agora, para terminar com algo que considero importante: o que a teoria marxista da dependência aportou? Antes de mais nada, acredito que trouxe a visão crítica de que o subdesenvolvimento não é a ausência de desenvolvimento, mas a forma específica de desenvolvimento capitalista dos nossos países como resultado histórico da incorporação da nossa região na expansão capitalista. E a relação desenvolvimento-subdesenvolvimento é inerente ao sistema capitalista. É uma relação de exploração que se impõe entre formações econômico-sociais distintas. Evidentemente, a concretização da dependência não é estática.

Com a expansão do capitalismo, a forma de articulação dos países dependentes pode variar, mas se mantém sempre essa articulação dependente, que não é apenas econômica, mas abrange também todas as dimensões da sociedade. O imperialismo sempre tentou dominar mentes e corações e difundiu as teorizações que buscavam justificar suas ações. E claro, nesses países subdesenvolvidos, ou melhor dizendo, de capitalismo dependente, as classes dominantes provavelmente tiveram os seus interesses coincidentes com a classe social imperialista e seus interesses.

Agora, 50 ou 60 anos depois, o que podemos dizer é que o sistema seguiu se desenvolvendo como um todo. E que a desigualdade internacional continua a existir em todos os momentos. Ela não desaparecerá independentemente do fato de que, desde os anos 1960, houve uma primeira década de desenvolvimento que não atingiu os seus objetivos. Mais tarde se falou dos objetivos de desenvolvimento do milênio. Posteriormente, do desenvolvimento sustentável. Na realidade, o desenvolvimento é um mito que não se alcança. Prefiro falar de emancipação humana ou de desenvolvimento emancipatório, ou seja, da assunção ao poder de forças que procurem outra relação com o capital. Hoje só existe um mundo: o mundo capitalista. Mas um poder revolucionário pode procurar formas de se relacionar com esse mundo e manter a independência interna do país, ou seja, a soberania e a integridade do país, o que não é uma tarefa fácil. E o exemplo de Cuba está demonstrando isso com 60 anos do bloqueio e agressões do imperialismo estadunidense. No entanto, apesar das enormes dificuldades que a Revolução Cubana atravessa, esta continua a ser uma alternativa a uma sociedade capitalista dependente. Acho que isso é simplesmente o que eu poderia dizer hoje sobre o livro de Vânia Bambirra.

Havana, dezembro de 2023.

APRESENTAÇÃO À EDIÇÃO MEXICANA[1]

Editora Nuestro Tiempo

A Revolução Cubana, o seu processo irreversível, é algo já afastado do reino da dúvida ou da conjectura: os fatos do seu desenvolvimento – que admitem e exigem análise e estudo – e os acontecimentos adversos que enfrentou e enfrenta vitoriosamente permitem a contundência da declaração inicial. Diferente é o campo das interpretações do como, o modo, o método, a estratégia e a tática. Em resumo, o período que gerou a situação revolucionária e a consequente atividade que pode levá-la ao triunfo. Esse campo, cheio de complexidades, de maldades ideológicas, de interpretações parciais por vezes voluntaristas, necessita ser desembaraçado. A pesquisadora Vânia Bambirra tem se dedicado a essa tarefa munida de bons instrumentos teóricos e metodológicos. O resultado desse trabalho é A *Revolução Cubana: uma reinterpretação*, livro cujo endosso revolucionário foi paradoxalmente dado pela junta militar chilena quando queimou a edição poucos momentos após ter saído do prelo, em pleno golpe. Nuestro Tiempo o resgata das cinzas não pelo fato anedótico (do fogo assassino daquela junta o povo chileno ressurgirá), mas pelo valor intrínseco da obra.

Esse valor intrínseco é constituído por uma discussão complexa sobre o caráter da Revolução Cubana e pelo esmaecimento de

---

[1] Tradução de Carla Cecilia Campos Ferreira. Texto de 1974.

critérios foquistas, aventureiros e espontaneístas, os quais vestiram com um prestigioso traje romântico a façanha da Sierra Maestra. Os critérios foquistas muito pouco contribuíram para definir a natureza do movimento ou para localizá-lo sem dogmatismos no interior do marco leninista. Menos ainda serviram para evitar que fosse tomada como uma receita mecanicamente aplicável ao resto da América Latina, mas como uma vitória enriquecedora – com base em sua particularidade – das leis que regem as mudanças da sociedade humana. Como destaca a autora, a discussão não se deu apenas no reduto do método e da teoria da própria pesquisadora. Consciente do significado que o trabalho de cotejamento coletivo significa para as Ciências Sociais, ela ouviu opiniões, abordou discrepâncias e pesou repetidas vezes o alcance de suas conclusões. O leitor irá agora ponderar sobre um livro cuja solidez indiscutível não evita, mas antes convoca, a discussão de seus pontos de vista. Um livro, então, dialeticamente destinado a penetrar com cada vez maior clareza e também a aprofundar-se no núcleo causal e histórico de uma revolução que, por ter triunfado definitivamente, poderia induzir ao erro da refração que cria ilusões sobre sua facilidade ou esquematismo.

PRÓLOGO

Ruy Mauro Marini

Esta obra de Vânia Bambirra representa o produto de um paciente trabalho de investigação. Com a independência intelectual que a caracteriza, a autora negou-se a aceitar ideias prontas e enfoques tradicionais sobre a Revolução Cubana e, remetendo-se às fontes, dedicou-se a reinterpretar alguns aspectos fundamentais desse processo tão significativo para os povos da América Latina. A exposição dos resultados é ordenada em torno de duas vertentes: a guerra revolucionária, em relação à qual se examina a concepção estratégica que a presidiu e as forças sociais que nela intervieram, e o caráter da revolução.

Definindo com rigor as linhas estratégicas adotadas sucessivamente pelos dirigentes cubanos durante a guerra revolucionária, o estudo permite acompanhar a integração progressiva das diversas classes no processo. Entende-se esse processo como uma expressão da luta de classes na sociedade cubana, que fez com que, após a insurgência da pequena burguesia, se caminhasse para a formação de uma aliança de classes na qual se destacou cada vez mais o papel desempenhado pelos operários e pelos camponeses.

Será difícil, daqui em diante, continuar defendendo, no que diz respeito ao processo cubano, teses que menosprezam a importância da participação das massas e da organização partidária, como as que

PRÓLOGO

se expressaram nas abordagens foquistas.[1] A autora completa, assim, um trabalho em que ela surgiu como pioneira na América Latina, quando, sob o pseudônimo de Clea Silva, submeteu a uma crítica sistemática os pontos de vista defendidos por Régis Debray.[2]

Contudo, o fato de a aliança de classes se encontrar ainda em formação no triunfar da Revolução terá repercussões no curso que esta tomará, depois da queda de Batista. É isso que leva a autora, no que representa sem dúvida a tese de seu trabalho que melhor servirá à polêmica, a distinguir duas etapas no curso da revolução: a democrática e a socialista, cuja linha divisória se estabelece no segundo semestre de 1960, ou seja, mais de um ano depois da queda da tirania.[3]

A importância dessa tese merece que nos detenhamos em algumas considerações em torno dela. Para além das intenções da autora, os equívocos a que pode conduzir são suscetíveis de prejudicar o combate que se iniciou, justamente a partir da Revolução Cubana, aos que, em nome da revolução democrática, pregam na América Latina a aliança da classe operária com uma burguesia nacional portadora de interesses anti-imperialistas e antioligárquicos.

É certo que a autora rechaça até mesmo a existência de uma burguesia nacional desse tipo (ver o capítulo "Rumo à revolução socialista"). Entretanto, e ainda que a dúvida pudesse ser dissipada ao consultarmos outros trabalhos seus, sua argumentação no presente

---

[1] "Foquista" refere-se a uma interpretação sobre a estratégia que levou à vitória da Revolução Cubana, acentuando a dimensão militar e desprezando a importância da luta de massas e da organização política no processo, segundo explica Vânia Bambirra nesta obra de reinterpretação da Revolução Cubana. (N.S.T.)

[2] Silva, Clea. "Los errores de la teoría del foco". *Monthly Review*, Santiago de Cuba, n. 45, dic. 1967. [Este texto está disponível para acesso no *site* do Memorial-Arquivo Vânia Bambirra. (N.S.T.)]

[3] Um critério semelhante é adotado por Adolfo Sánchez Rebolledo em sua antologia de discursos e documentos de Fidel Castro: *La Revolución Cubana: 1953-1962*. Ciudad de México: ERA, 1972.

livro não esclarece categoricamente se, nos países latino-americanos onde o desenvolvimento industrial deu lugar ao surgimento de uma burguesia vinculada ao mercado interno, esta possui qualidades revolucionárias.

Convém, portanto, lembrar que um dos méritos dos estudos sobre a dependência – que se desenvolvem na América Latina a partir de meados da década passada, e em cujos marcos a autora iniciou seu trabalho intelectual[4] – tem sido o de demonstrar que o imperialismo não é um fenômeno externo ao capitalismo latino-americano, mas um elemento constitutivo deste. A consequência teórica mais importante que se depreende dali e que não foi, porém, sistematicamente abordada é a de que a dominação imperialista não se reduz às suas expressões mais visíveis, como a presença de capital estrangeiro na produção, a transferência de mais-valia aos países imperialistas mediante mecanismos mercantis e financeiros e a subordinação tecnológica, mas se manifesta na própria forma que assume o modo de produção capitalista na América Latina e no caráter específico que as leis que regem seu desenvolvimento adquirem aqui. A maneira como se agudizam, no capitalismo dependente, as contradições inerentes ao ciclo do capital; a exacerbação do caráter exploratório do sistema, que o leva a configurar um regime de superexploração do trabalho; os obstáculos criados na passagem de mais-valia extraordinária à mais-valia relativa e seus efeitos perturbadores na formação da taxa média de lucro; o consequente aumento extremo dos processos de concentração e centralização do capital – é isso que constitui a essência da dependência, a qual não pode ser suprimida sem que se suprima o próprio sistema econômico que a engendra: o capitalismo.

---

[4] O resultado de suas investigações nesse terreno foi publicado sob o título *O capitalismo dependente latino-americano*. [A edição em português foi publicada no Brasil 40 anos depois: *O capitalismo dependente latino-americano*. Florianópolis: Insular, 2013. (N.S.T)]

Esse enfoque teórico sustenta a tese política segundo a qual não há anti-imperialismo possível fora da luta pela liquidação do capitalismo e, portanto, fora da luta pelo socialismo. Porém, o socialismo não é tão somente um determinado regime de organização da produção e distribuição da riqueza, ou seja, não é simplesmente uma certa forma econômica. O socialismo é, acima de tudo, a economia que expressa os interesses de uma classe – o proletariado – e se opõe, portanto, aos interesses da classe contra a qual se enfrenta o proletariado: a burguesia. A luta pelo socialismo se expressa, pois, por meio da revolução proletária, que opõe a classe operária e seus aliados à burguesia *enquanto classe*. Entende-se, assim, que esta não tenha lugar no bloco histórico de forças a quem incumbe realizar a revolução latino-americana.

Esclareçamos bem esse ponto. A luta pelo socialismo é, fundamentalmente, uma *luta política*, no sentido de que o proletariado tem que contar com o poder do Estado para quebrar a resistência da burguesia a seus desígnios de classe e *impor* aos seus setores mais débeis, às camadas médias burguesas, que subsistem ainda durante um certo tempo, uma política que *destrua suas bases materiais de existência*. A política do proletariado para com a burguesia é sempre uma política *de força*; o que varia é o grau de força, vale dizer, de violência, que o proletariado utiliza sobre as distintas camadas e frações burguesas, grau que se determina em última instância pela capacidade de resistência das ditas camadas e frações à política proletária. É isso que faz com que, para Lenin, o socialismo não seja tão somente a eletrificação, o desenvolvimento das forças produtivas, as transformações econômicas, mas também os sovietes, isto é, o poder do proletariado organizado no Estado.

A etapa democrática da Revolução Cubana, tal como Vânia Bambirra define aqui, é uma dura luta pelo poder, um esforço enorme para afirmar a hegemonia proletária no seio do bloco revolucionário de classes que começara a se forjar no curso da guerra e para expressá-la plenamente no âmbito do Estado. A autora acaba nos devendo, nesse sentido, um estudo mais detalhado de como as classes revolucionárias, cuja vanguarda se encontrava organizada no Exército Rebelde, enfrentaram as tentativas da burguesia e do imperialismo de manter sua dominação e lhes roubar a vitória tão duramente conquistada; de como o aparato do Estado foi disputado palmo a palmo e conquistado por meio de medidas, como a criação dos tribunais militares e a substituição de Miró Cardona por Fidel Castro à frente do governo; de como, por meio das milícias armadas camponesas e operárias, cuja existência assumiu forma legal com o estatuto da Polícia Nacional Revolucionária, de 26 de outubro de 1959, se deu continuidade à incorporação e à organização de massas cada vez mais amplas de operários e camponeses ao eixo do poder revolucionário – o Exército; de como o governo revolucionário de Fidel Castro, apoiado na força das massas organizadas e armadas, deslocou progressivamente a presença burguesa e imperialista do aparato estatal, o que está simbolizado na substituição de Urrutia por Dorticós na presidência da República, e impulsionou decididamente a direção operária e camponesa sobre a produção e a distribuição da riqueza.

A etapa democrática da revolução proletária não é senão isso: uma aguda luta de classes mediante a qual a classe operária incorpora as amplas massas à luta pela destruição do velho Estado e passa a constituir seus próprios órgãos de poder, que se contrapõem ao poder burguês.[5] Reconhecer, portanto, a existência das duas etapas no processo revolucionário cubano não deve induzir a confusões. A etapa democrática da Revolução Cubana *não é* a etapa democrático-burguesa que se tem pretendido erguer como necessidade histórica da revolução latino-americana e que se definiria por suas

---

[5] Marx e Engels se referiram a ela na Mensagem do Comitê Central à Liga dos Comunistas, de 1850, quando empregaram a expressão "revolução permanente", a qual Trotsky daria mais tarde um viés marcadamente economicista.

tarefas anti-imperialistas e antioligárquicas. Ela é, melhor dizendo, a expressão de uma determinada correlação de forças, na qual o poder burguês ainda subsiste, a classe operária ainda não demarca totalmente seu próprio poder para enfrentar definitivamente o poder burguês e a constituição da aliança revolucionária de classes segue seu curso mediante a incorporação a ela das camadas atrasadas do povo. É nesse marco que a ideologia pequeno-burguesa começa a se ofuscar no seio do bloco revolucionário, como o presente estudo demonstra para o caso cubano.

São, portanto, as condições de desenvolvimento da aliança revolucionária de classes e o processo de formação do novo poder que definem as etapas da revolução proletária. É assim que se pode entender por que a etapa democrática da Revolução Cubana se estendeu para além do momento em que a vanguarda revolucionária conseguiu se instalar no aparato do Estado. A comparação com a experiência russa, distinta em muitos aspectos, é elucidativa. Nela, o desenvolvimento do poder dual dos operários, camponeses e soldados passa por uma primeira etapa de coexistência com o poder burguês, que detém o aparato estatal, mas se distingue claramente dele, inclusive em termos de estrutura orgânica; a situação é, pois, diferente da de Cuba, onde ambos os poderes se confundem no seio do Estado. A contradição mais marcante que se observa na Rússia, no plano político, é o que faz com que a transferência do aparato estatal para as mãos da vanguarda proletária coincida com a liquidação violenta do poder burguês por meio de uma insurreição armada; em Cuba, essa situação não se produz, porque as bases materiais do Estado burguês – as forças repressivas e a burocracia – haviam sido suprimidas anteriormente.

Cabe assinalar que essa transformação gradual do Estado cubano nada tem a ver com as teses levantadas na esquerda chilena, após as eleições presidenciais de 1970, a respeito de uma dualidade de poderes no seio do Estado. Sem insistir que, no Chile, o aparato estatal burguês permaneceu intacto e, mais que ser subordinado, subordinou a si o governo que emergiu dessas eleições; teses como as mencionadas tendem a distrair a atenção do que Lenin considerava um problema fundamental da revolução: a conquista do poder político pelo proletariado. Com efeito, a característica central das duas revoluções consideradas aqui reside na criação de um tipo superior de Estado democrático, para usar a expressão de Lenin, antagônico à república parlamentar de tipo burguês, que tendeu a ser criado em ambos os países. Na república burguesa, "o poder pertence ao Parlamento; a máquina do Estado, o aparato e os órgãos de governo são os usuais: exército permanente, polícia e uma burocracia praticamente inamovível, privilegiada e situada *acima* do povo".[6] A diferença entre a democracia proletária e a democracia burguesa é precisamente que a primeira suprime essa máquina de opressão: exército, polícia e burocracia, e assegura "a vida política independente das *massas*, sua participação *direta* na edificação *democrática* de todo o Estado, de baixo para cima", o que a república parlamentar burguesa "dificulta e afoga".[7]

O caráter socialista da etapa seguinte, na Rússia, se afirma a partir do momento em que se corta o nó górdio do poder em favor do proletariado. Este se constitui, desde o primeiro dia da insurreição vitoriosa, na força hegemônica da aliança revolucionária de classes. As tarefas a que se propõem não são, porém, do ponto de vista econômico, rigorosamente socialistas,[8] mas esse é seu objetivo. Com

---

[6] Lenin, V. I. "Las tareas del proletariado en nuestra revolución". *In*: *El problema del poder*. Santiago de Cuba: El Rebelde, [s.d.], p. 21, destaques de Lenin.

[7] *Ibid.*, p. 22-23, destaques de Lenin.

[8] A supressão da propriedade [agrária] dos latifundiários, o controle operário da produção [e a constituição de um Governo Soviético]. Lenin, V. I. "¡A los ciudadanos de Rusia!". *In*: *Obras escogidas*. Moscú: Progreso, p. 487. Nenhuma dessas medidas implica a socialização da economia. O fato de se ter chegado rapidamente à estatização massiva das empresas, na Rússia, não estava contemplado inicialmente pelos bolcheviques. O testemunho de Lenin não deixa

PRÓLOGO

seu rigor costumeiro, Lenin define a situação na declaração ao povo de 25 de outubro: "O Governo Provisório foi deposto. O Poder do Estado passou à mão do Comitê Militar Revolucionário, que é um órgão de deputados operários e soldados de Petrogrado e se *encontra à frente do proletariado e da guarnição da capital*", concluindo com uma saudação à *"revolução dos operários, soldados e camponeses"*.[9] Em seu informe do mesmo dia ao Soviete de Petrogrado, Lenin é ainda mais explícito, quando, após afirmar que *a revolução operária e camponesa* "foi realizada", declara: "Se inicia hoje uma nova etapa na história da Rússia, e esta, a terceira Revolução Russa, *deve conduzir finalmente à vitória do socialismo"*.[10]

O que define realmente o caráter de uma revolução é a classe que a realiza. Nesse sentido, devemos falar da revolução *proletária* do mesmo modo como falamos da revolução *burguesa*. Suas etapas são determinadas pelo grau com que o proletariado consegue se constituir em centro de poder, isto é, consegue estruturar o tipo de Estado que lhe permite atrair as amplas massas do povo e travar com elas a luta contra a dominação da burguesia. Desde logo, isso envolve tarefas econômicas capazes de retirar dessa classe suas con-

---

dúvidas a respeito: "Um dos primeiros decretos, promulgado no fim de 1917, foi o do monopólio estatal da publicidade. O que significava esse decreto? Implicava que o proletariado, que havia conquistado o poder político, supunha que haveria uma transição mais gradual até as novas relações econômico-sociais: não a supressão da imprensa privada, senão o estabelecimento de certo controle estatal que a conduziria pelos canais do capitalismo de Estado. O decreto que estabelecia o monopólio estatal da publicidade pressupunha, ao mesmo tempo, a existência de jornais privados como regra geral, que se manteria uma política econômica que requereria anúncios privados, e que subsistiria o regime de propriedade privada, que continuaria existindo uma quantidade de empresas privadas que necessitavam anúncios e propaganda". Lenin. V. I. "Informe sobre la nueva política económica, 29 de outubro". *In: Obras completas*. Buenos Aires: Cartago, p. 535.

[9] [Lenin, V. I.] "¡A los ciudadanos de Rusia! (1917)". *Op. cit.*, destaques nossos.

[10] [Lenin, V. I]. "Informe sobre las tareas del Poder Soviético". Obras Completas. [Buenos Aires: Cartago, [*s.d.*]].

dições de existência e, simultaneamente, encaminhar a construção de uma sociedade que aponte à supressão da exploração. Mas não são as tarefas econômicas realizadas pela revolução que determinam seu caráter – como têm sustentado, em um estéril debate, stalinistas e trotskistas –, uma vez que, para realizá-las, o proletariado depende dos compromissos contraídos com seus aliados e do grau de consciência desses.[11]

É bom ter presente que, quando se afirma que a necessidade histórica da revolução democrática-burguesa consiste em precisar liquidar as tarefas não cumpridas pela burguesia para poder enfrentar as que são próprias da construção do socialismo, se está idealizando, se não a burguesia, ao menos a democracia burguesa. As tarefas democráticas que o proletariado levanta *não são* tarefas da burguesia e *nem podem* ser cumpridas no âmbito da democracia burguesa. Isso é certo principalmente para as que se referem à democratização do Estado; recordemos que, ainda em sua forma mais avançada – a república democrática parlamentar –, o Estado burguês obstaculiza e afoga a participação política das massas, seja porque restringe as tomadas de decisões aos órgãos do Estado, que se encontram fora de qualquer controle por parte do povo, seja porque exerce sobre esse a coerção armada. Tais tarefas só podem ser cumpridas, pois, me-

---

[11] Lenin sabia perfeitamente disso quando, ao propor a tomada do poder pelo proletariado, advertia: "O partido do proletariado não pode se propor de modo algum a 'implantar' o socialismo em um país de pequenos camponeses, enquanto a imensa maioria da população ainda não tomou consciência da necessidade da revolução socialista". Em que consistiria, então, inicialmente, a revolução? Na criação de um Estado capaz de permitir ao proletariado guiar o campesinato ao socialismo. Para a construção desse Estado era possível ganhar os camponeses: "Se nos organizamos e fazemos com habilidade nosso programa, conseguiremos que não só os proletários, mas 90% dos camponeses fiquem contra a restauração da polícia, contra a burocracia inamovível e privilegiada e contra o exército separado do povo". E Lenin insistia: "E precisamente nisso, e somente nisso, se assenta o novo tipo de Estado". [Lenin, V. I.] "Las tareas del proletariado en nuestra revolución". *In*: *El Problema del Poder*. Santiago de Cuba: El Rebelde, [s.d.], p. 29-24.

diante a democracia proletária, isto é, aquela que assegura a ditadura da maioria sobre a minoria. Ainda no contexto de situações históricas determinadas, a necessidade da democracia proletária (como instrumento que permite ao povo fazer valer a sua vontade) surge precisamente *porque a burguesia no poder não assegura o cumprimento das tarefas que exigem as massas.* Foi assim que, na Rússia, a incapacidade da burguesia para levar a cabo a reforma agrária, o acordo de paz e o fornecimento de bens essenciais às tropas combatentes e à população das cidades convenceu as massas da justeza do programa proletário e abriu as portas à tomada do poder pelos bolcheviques.[12]

Resumindo:

A Revolução Russa de 1917 foi uma revolução *proletária*, no sentido de que o proletariado era a classe hegemônica que a realizou; uma revolução *operária e camponesa*, porque, dado o atraso do capitalismo na Rússia, o campesinato era a força social majoritária no bloco revolucionário, e uma revolução *socialista*, porque, coerente com seu interesse de classe, o proletariado colocou para si o socialismo como meta. Sua etapa democrática *precedeu* a passagem do aparato estatal às mãos da vanguarda proletária.

A Revolução Cubana foi uma revolução *popular* pela aliança de classes que a impulsionou, constituída pela pequena burguesia urbana, o campesinato, a classe operária e as camadas pobres da cidade, cuja etapa democrática se prolongou para além da chegada da vanguarda revolucionária ao poder do Estado; a razão dessa peculiaridade reside no fato de que a vanguarda teve acesso ao poder estatal

---

[12] A esse respeito, Lenin afirmava que a satisfação das necessidades econômicas mais prementes das massas não poderia ser realizada pela burguesia, "por mais 'forte' que seja seu poder estatal". E acrescentava: "O proletariado, ao contrário, pode sim fazê-lo no dia seguinte à conquista do poder estatal, pois dispõe para isso tanto do aparato (sovietes), como dos meios econômicos (expropriação dos latifundiários e da burguesia)". [Lenin, V. I.] "Las Elecciones a la Asamblea Constituyente y la dictadura del proletariado". *In: El Problema del Poder.* Santiago de Cuba: El Rebelde, [s.d.], p. 74-75, destaques nossos.

(cujas bases materiais haviam sido suprimidas) *antes* de se completar a organização do poder operário e camponês e da incorporação de amplas massas ao processo. A passagem da revolução popular à revolução operária e camponesa, em Cuba, correspondeu à destruição do aparato estatal burguês, do qual a ditadura de Batista havia sido apenas uma expressão, e às transformações operadas num sentido socialista da estrutura econômica; ambos os processos se realizaram *com base no poder armado dos operários e camponeses*, manifestado no Exército e nas milícias[13] populares. É essa peculiaridade que explica o fato de que, quando a revolução afeta também o plano da ideologia e se proclama socialista, a construção do socialismo já tinha se iniciado, ao contrário do que aconteceu na Rússia.

As peculiaridades das duas revoluções devem ser explicadas à luz das condições particulares em que se desenvolveram, assim como do grau de desenvolvimento ideológico e político do proletariado em ambos os países.[14] O maior mérito deste livro de Vânia Bambirra, como assinalamos no início, é se estabelecer nesse terreno, rechaçando o lugar-comum e as explicações fáceis. Nesse sentido, não deve ser tomado por aqueles a quem ele é dedicado – os militantes revolucionários – tão somente como um estudo sério e bem fundamentado; deve ser visto também como uma valiosa contribuição à discussão ideológica e política que está acontecendo no seio da esquerda latino-americana em torno do tema da revolução proletária.

Devemos dizer, finalmente, que o estudo de Vânia Bambirra foi levado a cabo no âmbito do programa de investigações do Centro

---

[13] Ver adiante a nota 11, p. 64. (N.S.T.)

[14] É significativa a importância que Lenin atribuía, no êxito da Revolução Russa, à condução que, após 15 anos de existência, o Partido bolchevique conseguiu afirmar no seio do proletariado. Aos olhos de Lenin, essa condução, que se expressava na "centralização mais severa e uma disciplina férrea", se explicava, precisamente, pelas "particularidades históricas da Rússia". [Lenin, V. I.] "La enfermedad infantil del 'izquierdismo' en el comunismo". *In: Obras escogidas*. Moscú: Progreso, [*s.d.*], p. 373 e seguintes.

de Estudos Socioeconômicos (Ceso) da Universidade do Chile e foi publicado, inicialmente, na série de cadernos editados por essa instituição, como uma homenagem ao 20º aniversário do 26 de julho, data-chave na história da Revolução Cubana. Isso se dava no momento exato em que, no Chile, a luta de classes alcançava um dos pontos mais altos nos últimos 15 anos na América Latina. Nesse sentido, *A Revolução Cubana: uma reinterpretação* era mais que uma simples homenagem e ultrapassava em muito o alcance de um exercício meramente acadêmico: representava também um esforço para aportar novos elementos à intensa luta ideológica que se travava então no seio da esquerda chilena.

E está bem que seja assim. Uma revolução como a de Cuba não pode ser comemorada por meio de atos ritualísticos destinados a sacramentá-la. A comemoração de uma verdadeira revolução deve ser, antes de tudo, uma renovada apropriação de seus conteúdos fundamentais, com o objetivo de impulsionar o desenvolvimento do espírito revolucionário das massas, para convertê-los cada vez mais em um patrimônio irrenunciável dos povos.

Junho de 1974.

NOTA PRÉVIA

Vânia Bambirra

Toda revolução atrai para si o interesse mundial. Ela é discutida, tenta-se analisá-la e compreendê-la. Tanto os que se solidarizam com a revolução, por convicção revolucionária e por simpatia, quanto os que se opõem a ela, por compartilhar ou defender os interesses do sistema que ela destrói, tratam de aprender com suas lições.

Contudo, foram as classes dominantes as que mais se preocuparam em entender o fenômeno da Revolução Cubana. Isso se reflete claramente na grande quantidade de estudos e investigações sobre o tema realizados pelos analistas burgueses. O fato de que foram as burguesias e o imperialismo quem mais aprenderam com essa experiência revolucionária o demonstra, sobretudo, sua ação prática. Esse aprendizado é o que explica em boa medida a reorientação da política de dominação no continente na década passada [dos anos 1960], tanto no sentido "progressista" quanto no repressivo, cujos melhores exemplos são a Aliança para o Progresso, a nova estratégia contrarrevolucionária, a implementação de golpes militares etc.

Com base na perspectiva da esquerda, como ocorreu com todas as grandes revoluções, a Revolução Cubana surge como um novo laboratório para a aprendizagem revolucionária. Seu caráter aparentemente heterodoxo e rebelde a uma série de princípios do marxismo-leninismo estimula a imaginação teórica e uma nova prática política por parte de muitos setores militantes e intelectuais de esquerda. Mas, na maior parte dos casos, nem prática, nem teoricamente, a esquerda tem sabido tirar o melhor proveito da experiência revolucionária cubana.

Atesta tal afirmação o fracasso sofrido durante a década de 1960 por todos os movimentos insurrecionais inspirados mais diretamente em um suposto "modelo cubano" e nas concepções teóricas deformadas que ele tem motivado.

Existem várias análises, fundamentalmente de caráter político, de como e por que a experiência revolucionária cubana tem sido tão mal assimilada. Em particular, a "teoria do foco" e a prática "foquista" têm sido objeto de múltiplas análises críticas, que no seu conjunto oferecem elementos para questioná-las profundamente em suas bases. No entanto, quanto à própria compreensão da Revolução Cubana, as análises existentes até agora deixam muitas lacunas. As melhores ou se limitaram a aspectos muito específicos, ou são generalistas, quando se trata de explicar e de definir, em linhas gerais, a orientação e o sentido que adquiriu e que deve adquirir a luta revolucionária.

Entre essas análises se destacam, primeiro, as realizadas pelos dirigentes revolucionários cubanos. Nelas, ambas características são comuns e se encontram tanto nas obras de Che Guevara quanto nos discursos de Fidel e dos demais dirigentes e teóricos da revolução. Essa situação foi reconhecida por Fidel quando disse, no Chile, que "todo mundo tem escrito sobre a revolução, menos os revolucionários cubanos".[1] O mesmo foi declarado por Carlos Rafael Rodríguez.[2]

Foram os estudiosos estrangeiros de esquerda e de direita os que mais se dedicaram ao estudo e à teorização da Revolução Cubana.

---

[1] Castro, Fidel. "Diálogo con los estudiantes de Concepción". *In: Fidel en Chile.* Santiago: [Ed. Nacional] Quimantú: Santiago de Chile, [1971], p. 99.

[2] Rodríguez, Carlos Rafael. "Entrevista en Chile", *Hoy*, Santiago, n. 9, p. 7-11, ago. 1972.

A maior contribuição se encontra, sem dúvida, nas investigações sobre temas específicos. Em geral, com base na perspectiva marxista, as tentativas de análises mais globais sobre a luta de classes no processo revolucionário cubano e o caráter da revolução ainda são insatisfatórios, pois deixam uma série de acontecimentos sem explicação e muitas questões sem respostas. É por isso que, há mais de uma década de seu triunfo, muitos movimentos revolucionários ainda não puderam assimilar importantes lições que a Revolução Cubana pode oferecer, o que tende a fazer proliferar uma série de críticas equivocadas ao processo seguido pela construção do socialismo em Cuba, particularmente em setores da intelectualidade de esquerda europeia.

Os resultados da nossa investigação sobre a Revolução Cubana, que entregamos aqui, se orientam em função de dois objetivos principais. O primeiro é fazer uma reinterpretação da guerra revolucionária. Discutimos o caráter de classe do Movimento 26 de Julho (M-26-7) e de sua concepção estratégica. Tratamos de demonstrar que sua estratégia foi concebida originalmente como uma insurreição urbana, baseada fundamentalmente na classe operária, que daria o golpe mortal na ditadura por meio de uma greve geral. Essa concepção estratégica, que orientou o M-26-7 desde a sua origem com a ação de assalto ao Quartel Moncada, se manifesta, da mesma forma, na intenção insurrecional que culmina com o desembarque do Granma e perdura até a tentativa frustrada de derrubar a ditadura por meio de uma greve geral, em abril de 1958. Até essa data, é indiscutível o predomínio do "*llano*" sobre a "*sierra*",[3] o que põe por terra uma linha de interpretação do movimento revolucionário.

---

[3] Optamos aqui por preservar a expressão "la sierra y el llano" para as menções a "a serra e a planície", pois se trata de uma referência não apenas geográfica, mas a espaços sociopolíticos fundamentais na estratégia da Revolução Cubana. Na história do processo revolucionário cubano, a expressão "la sierra y el llano" foi utilizada como metáfora para a ação armada guerrilheira (a partir da Sierra

É somente a partir do fracasso da greve que a concepção insurrecional urbana é superada e dá lugar a uma nova concepção estratégica, que é a guerrilheira. No entanto, a estratégia guerrilheira não se baseia no predomínio absoluto das guerrilhas rurais. Ela consiste, antes de tudo, na combinação de várias formas de luta e, se é certo que as guerrilhas rurais são a forma principal de luta durante um período, em outros momentos da guerra essa prioridade é cedida a outras formas, por exemplo, às colunas invasoras. Além disso, nunca se descartou a meta de derrubar a ditadura por meio da greve geral.

Buscamos também fazer uma avaliação do M-26-7, tratando de demonstrar que este, ao contrário do que muitos têm acreditado, não foi um grupelho cuja função principal era apoiar as guerrilhas, mas uma organização de tipo partidário, com uma ampla base social disseminada em toda a ilha, com uma estrutura orgânica diversificada e bastante eficiente, orientada em boa medida para o trabalho junto à classe operária. Suas características guardavam coerência com a concepção estratégica insurrecional urbana. A influência do M-26-7 se destaca, entre outros indicadores, pelo respaldo que os camponeses dão aos rebeldes desde os seus primeiros dias na serra, o que demonstra que a luta guerrilheira partiu com uma sólida base de apoio.

Ademais, nos preocupamos em resgatar o importante e definitivo papel que desempenhou a classe operária na luta revolucionária, aspecto que também foi, em geral, pouco destacado e, inclusive, deformado por muitos analistas da Revolução. Esforçamo-nos para mostrar como a classe operária cubana desenvolveu, no curso dos vários enfrentamentos contra o sistema burguês, uma vastíssima experiência de organização e luta, sem dúvida uma das mais importantes do continente.

Maestra) e da ação política e organizativa de massas realizada nas cidades (*el llano*). (N.S.T.)

Finalmente, tratamos de ressaltar a importância que teve o Partido Socialista Popular (PSP) no processo revolucionário, tentando, assim, ajudar a superar toda uma visão sectária e deformada que pretende reduzir ao mínimo o seu papel na Revolução.

O segundo objetivo deste trabalho é analisar o caráter da Revolução Cubana com base em seu programa e em interpretações relevantes por parte de quem participou diretamente nela. Para isso, tomamos em consideração o programa econômico do M-26-7, assim como as análises do PSP e de Fidel Castro. Nós nos detivemos também na consideração das incorreções da interpretação de Jean-Paul Sartre sobre o movimento revolucionário e sua ideologia, pois seu ponto de vista teve uma notável influência sobre a ideia que muitos formaram da Revolução.

Nossa intenção ao tratar do caráter da Revolução Cubana foi a de colocar em evidência a importância da etapa democrática, na qual se cumprem uma série de tarefas historicamente necessárias para esgotar as possibilidades do sistema capitalista e abrir a etapa de transição ao socialismo. Examinamos como a fase democrática é superada por meio da transformação qualitativa do processo revolucionário, o que permite diferenciá-la rigorosamente da fase superior de construção da nova sociedade socialista.

Dessa maneira, rechaçamos uma interpretação equivocada do processo revolucionário que subestima a importância da etapa democrática, não capta a diferença de qualidade que há entre essa e a etapa socialista e confunde as características do processo revolucionário com seus resultados. Em outras palavras, questionamos a interpretação da Revolução que define seu caráter socialista desde o momento em que se verifica a tomada do poder, subestimando a etapa de transição que ocorre entre a destruição completa da ordem militar, política e econômica burguesa e a instauração de uma nova ordem socialista. Para isso, analisamos como o cumprimento do mais avançado programa democrático e anti-imperialista entra em contradição com o sistema de dominação capitalista, e como a resolução dessa crise conduz ao questionamento radical e definitivo desse sistema.

Dedicamos nosso trabalho ao que podemos chamar de geração revolucionária dos anos 1960, quer dizer, a todos aqueles que, baseados no exemplo estimulante da Revolução Cubana, têm tentado mudar a face explorada do continente. Em que pese não tenham triunfado imediatamente, contribuíram com uma experiência muito rica para a luta revolucionária, o que é uma garantia a mais do triunfo que seguramente alcançará a revolução na América Latina. Aspiramos que nosso modesto esforço no sentido de reinterpretar essa tão relevante experiência revolucionária cubana tenha alguma utilidade para os militantes revolucionários. Naturalmente, estamos conscientes de que este trabalho encerra muito pouco interesse para aqueles que estiveram à margem da influência da Revolução Cubana e que nem sequer tiveram o mérito de se equivocar, já que não tentaram mudar nada...

Nossos agradecimentos aos companheiros José Bell Lara, Germán Sánchez e Mercedes Díaz de Arce, sem cuja orientação bibliográfica e a intensa polêmica que travamos sobre a Revolução Cubana este trabalho não teria sido possível; a Ruy Mauro Marini, por ter nos convencido a realizá-lo, pelo seu constante estímulo e pela paciência com que leu os originais, criticando seus pontos mais débeis e nos dando sugestões muito valiosas; a Theotonio dos Santos, por todas as suas recomendações e opiniões, que foram de valor inestimável no sentido de deixar nossa análise mais rigorosa; a Cristián Sepúlveda e a todos os demais companheiros que fizeram a gentileza de ler e opinar sobre nosso manuscrito.

Nossos agradecimentos muito especiais à companheira Mónica González, por tornar legível nosso castelhano, e aos demais companheiros da Unidade de Publicações do Ceso pela colaboração que nos prestaram.

NOTA À EDIÇÃO MEXICANA

VÂNIA BAMBIRRA

Este livro foi escrito no final do ano de 1972 e início de 1973. Desenvolvemos nosso trabalho de investigação sobre a Revolução Cubana no ambiente do Centro de Estudos Socioeconômicos (CESO) da Universidade do Chile. Era a época do governo da Unidade Popular. O confronto entre as classes se tornava cada vez mais agudo e trazia à ordem do dia a temática da ruptura da dependência e da tomada do poder...

Nós entendemos então que, a partir da nossa modesta função acadêmica, se com algo podíamos contribuir para a luta do povo chileno, era com uma pequena contribuição no sentido de rediscutir as lições da única revolução socialista que ocorreu em nosso continente. Por isso, reorientamos nosso trabalho de investigação – que até o ano de 1970 estava circunscrito à problemática da dependência – para a temática da ruptura, da tomada do poder, pensando em seguida em nos dedicarmos ao estudo da transição socialista.

A 11 de setembro, o processo revolucionário chileno sofreu um duro revés. O povo, que se preparava feliz para o futuro socialista, teve que viver primeiro a etapa obscura e amarga do fascismo.

As causas desse terrível retrocesso ainda estão por serem dialeticamente analisadas e superadas. Enquanto isso, fica uma indagação: será que tantos ensinamentos das revoluções e em especial da Revolução Cubana não foram devidamente compreendidos?

NOTA À EDIÇÃO MEXICANA

A primeira versão mimeografada de *A Revolução Cubana: uma reinterpretação* apareceu em julho de 1973, como uma pequena comemoração por parte do Ceso aos 20 anos do assalto ao Quartel Moncada. Em seguida, o trabalho foi editado pelo convênio Ceso--Prensa Latinoamericana (PLA) nos primeiros dias de setembro. Consumado o golpe militar fascista, que é incompatível com a cultura, a destruição da edição deste livro foi um pequeno detalhe em meio à situação de barbárie que se estabeleceu no Chile, onde foi decretado um estado de guerra à ciência, à arte e à cultura.

Conseguimos resgatar um exemplar da edição deste livro, que havia sido enviado aos EUA para a *Monthly Review* na véspera do golpe, por um estudante norte-americano, Frank Teruggi, que foi uma das vítimas do ódio contrarrevolucionário nos tristes dias de setembro.

Nossos agradecimentos aos companheiros da Editorial Nuestro Tiempo, que se dispuseram a reeditar este livro, nos permitindo assim submeter agora nosso trabalho ao juízo crítico do leitor latino--americano.

México, verão de 1974.

PRIMEIRA PARTE:

A GUERRA REVOLUCIONÁRIA

Acervo do Memorial-Arquivo Vânia Bambirra

A ESTRATÉGIA INSURRECIONAL E SUA ORIGEM DE CLASSE

O Moncada: uma concepção de assalto ao poder

O Assalto ao Quartel Moncada, ocorrido em 26 de julho de 1953, e o triunfo da revolução que se dá em 1º de janeiro de 1959 são os dois eventos históricos cuja comemoração assume maior significado para o povo cubano. Com efeito, representam o início e o ápice da série de fatos revolucionários que derrotou a tirania de Fulgencio Batista e criou as condições para uma etapa superior de construção do socialismo.

A validade estratégica e tática do assalto ao Moncada, assim como a do desembarque do Granma, ocorrido em 2 de dezembro de 1956 (ambas se baseiam nas mesmas suposições, como veremos depois), foram questionadas pelo próprio Fidel Castro, quem as concebeu e as comandou.[1] Contudo, é importante discutir a estratégia e a tática que as orientavam. Primeiro, porque ambas revelam a concepção que guiava a ação do Movimento 26 de Julho, organização que se transformou na vanguarda da Revolução. Elas oferecem, pois, elementos relevantes para definir suas características ideológicas e seus objetivos políticos e, portanto, facilitam a compreensão do

---

[1] Castro, Fidel. "Conferencia de Prensa con los periodistas chilenos y extranjeros", [*in*:] *Fidel en Chile*. Santiago: Ed. Nacional, Quimantu, 1971, p. 278. [No original da autora, o ano da publicação aparece como 1972. No *site* da editora, no entanto, consta o ano de 1971. (N.S.T.)]

processo revolucionário. Segundo, porque a partir dessa discussão é possível extrair lições para a luta revolucionária em outros países. Esta última razão constitui o objetivo principal deste trabalho.

Um problema a ser destacado é que o questionamento da viabilidade estratégica e tática dessas ações não pode ser feito a partir de um ponto de vista estritamente militar. Nesse sentido, Fidel Castro tem razão quando afirma:

> Não é que o Moncada fosse impossível de tomar, nós poderíamos tê-lo tomado. Analisado ainda hoje, à luz de nossa experiência, cremos que poderia ser factível a tomada, e que a tomada daquele Regimento, que era a Segunda Unidade mais importante do país, *poderia ter sido realizada em data muito anterior à vitória da revolução. Mas era um caminho muito menos seguro, porque podia depender de muitos imprevistos* [...].[2]

Com efeito, ao menos tecnicamente, se pode admitir que, com uma preparação melhor, feitos como o Moncada, e ainda como o Granma, podem ser bem-sucedidos. Se é certo que na América Latina houve tentativas de tomadas de quartéis para desencadear um processo revolucionário, as quais fracassaram (inclusive quando contavam com o apoio de setores das Forças Armadas, como no caso de Carúpano ou Puerto Cabello, na Venezuela), não é menos certo que a história registra outras situações nas quais foram levadas a cabo. Na própria Cuba, no curso do processo insurrecional dos anos 1930, se verificou a tomada do quartel San Luís, da qual Guiteras participou; se pensava também na tomada de outros quartéis, mas a queda de Machado tornou desnecessário o cumprimento do plano.

Não é, portanto, esse o ponto da discussão. O que se deve colocar em dúvida, tanto teórica quanto praticamente, é a efetividade dessas ações para pôr em xeque o poder quando não se dão no contexto de um processo insurrecional. Voltando ao caso de Cuba nos anos 1930, convém recordar que, em 1932 e 1933, se verificava

---

[2] *Id., ibid.*

ali uma situação tipicamente insurrecional, com um movimento de massas, particularmente operárias, em ofensiva e claro ascenso das lutas populares, e foi nesse contexto que teve êxito a tomada de quartéis. Não era essa a situação de Cuba em 1953, e é por isso que se pode duvidar que o êxito do Moncada tivesse significado a vitória da Revolução.

Em última instância, o assalto ao Moncada foi a expressão de uma estratégia de assalto imediato ao poder:[3]

> A operação Moncada [disse Fidel no mesmo texto] foi a tentativa de tomar o poder, de uma certa forma, fulminante. Apoderar-nos do Regimento e de suas armas, levantar a cidade de Santiago de Cuba, lançar a palavra de ordem da greve geral no país e, se em último caso não o conseguíssemos, simplesmente marchar à montanha com aquelas armas.[4]

Mas a estratégia de qual força social?

Sem dúvida, os episódios do Moncada e do Granma revelam, por um lado, o heroísmo e o idealismo de seus protagonistas e, por outro, seu imediatismo e espontaneísmo. Trata-se, no entanto, de

---

[3] Quando a tomada do poder *se apresenta no contexto de uma situação* insurrecional, ela pode assumir as mais variadas formas. Por exemplo, na Revolução Russa, tecnicamente, a tomada do poder tal qual foi concebida por Lenin e executada por Trotsky assumiu a forma do Golpe de Estado: "Durante a noite de 24 a 25 de outubro, os Guardas Vermelhos e os regimentos regulares ocuparam com rapidez de relâmpago, e quase sem ruído, o Palácio Tauride, as oficinas de correios e as estações ferroviárias, o Banco Nacional, as Centrais Telefônicas, as plantas de energia elétrica e outros pontos estratégicos. Se o movimento que derrubou o tsarismo em fevereiro durou quase uma semana, a derrocada do governo de Kerensky durou apenas algumas horas. Na manhã de 25 de outubro, Kerensky já havia fugido da capital no automóvel de uma embaixada estrangeira. Seus ministros o esperavam em vão no Palácio de Inverno quando, ao meio-dia, se encontraram sitiados ali do mesmo modo que o governo do tsar se encontrou sitiado durante a última fase da Revolução de Fevereiro. Sem derramamento de sangue, os bolcheviques haviam se apropriado da cidade. [...] Militarmente, a insurreição tinha sido dirigida na realidade como uma conspiração e não poderia ter sido de outra maneira". Deutscher, Isaac. *Trotsky, el profeta armado*. México: Editorial ERA, [1946], p. 288-291.

[4] *Id., ibid.*, p. 278.

características muito gerais, que não revelam por si só as motivações de classe que orientavam as ações revolucionárias. É necessário buscar indicadores mais rigorosos nos quais se possa basear a análise do caráter do movimento revolucionário.

Um indicador significativo, ainda que não determinante, é a composição social que, desde o Assalto ao Quartel Moncada, dominou o Movimento 26 de Julho. Seus integrantes eram sobretudo profissionais liberais, artesãos, estudantes e operários. Isto é, predominavam os elementos provenientes da pequena burguesia.[5]

Porém, se a forma de luta que se adota e a composição social de seus membros são elementos importantes para analisar o caráter de classe de um movimento revolucionário, este se define essencialmente pelos objetivos que se propõe realizar, pelo seu programa. É necessário se deter, portanto, na análise do programa do Movimento 26 de Julho.

O programa democrático de 1953

O programa do Movimento 26 de Julho foi sistematizado pela primeira vez no discurso de defesa de Fidel Castro, conhecido como *A história me absolverá.*

Sem nos deter num exame pormenorizado desse documento, importa destacar três de seus aspectos que são os mais relevantes para a análise de seu caráter de classe.

---

[5] "Coube à pequena burguesia urbana, a seu setor revolucionário, que constituía a imensa maioria dela e, em particular ao núcleo estudantil, iniciar a luta, definir suas metas, seus objetivos, sua estratégia e sua tática [...]. Da pequena burguesia radical, que insurge em 26 de julho de 1953, brota uma constelação de quadros que, seguida por grande parte desse setor social com certa escolaridade e também vítima do neocolonialismo, se funde com o povo, com os operários, camponeses e proletariado rural [...]". Tabares, José A. "Apuntes para la historia del Movimiento Revolucionário 26 de Julio". *Pensamiento Crítico*, [La Habana], n. 31, p. 135, [1969].

Primeiro: a definição estrita de um inimigo principal, imediato, que é a tirania.

Segundo: a definição das classes e frações de classes revolucionárias que compõem o povo. Se considera povo "os 600 mil cubanos que estão sem trabalho", "os 500 mil trabalhadores do campo", "os 400 mil operários industriais e *braceros*",[6] "os 100 mil pequenos agricultores", "os 30 mil mestres e professores", "os 20 mil pequenos comerciantes", "os 10 mil profissionais jovens" [...].[7] As classes e frações de classe revolucionárias são, pois, os operários agrícolas e industriais, o pequeno campesinato e a pequena burguesia comerciante e profissional.

Terceiro: a definição das tarefas imediatas, expressas em cinco leis cujos objetivos eram: a) restaurar provisionalmente a Constituição de 1940; b) conceder a propriedade da terra aos pequenos arrendatários, colonos, meeiros e posseiros; c) outorgar o direito de participação de 30% das empresas industriais aos operários; d) entregar 55% de participação aos colonos do rendimento da cana-de-açúcar e também uma cota mínima de 40 mil arrobas aos pequenos colonos com três ou mais anos de trabalho; e) o confisco de todos os bens desviados, assim como dos bens dos malfeitores e seus herdeiros. Além disso, se previa a elaboração de uma série de leis sobre a reforma agrária, a reforma do ensino, a nacionalização dos trustes elétrico e telefônico.[8]

---

[6] Segundo o Dicionário da Real Academia Espanhola, o termo "bracero", em *Méj.* (México), significa "Trabajador que emigra temporalmente a outro país". Refere-se, mais especificamente, no caso cubano, a imigração de braceros antilhanos, decisiva para o crescimento açucareiro, citado por Oscar Zanetti Lecuona em "Realidades y urgencias de la historiografia social em Cuba". *Historia Social*, n. 19, p. 99-112, 1994, tradução nossa. (N.S.T)

[7] Castro, Fidel. "La historia me absolvera". Várias edições [Há edição brasileira: *A história me absolverá e o movimento 26 de julho*. São Paulo: Expressão Popular, 2023].

[8] *Id., ibid.*

Todos esses aspectos configuram um programa revolucionário que se mantém ainda nos limites democrático-burgueses.[9]

As medidas propostas não questionam as bases e o funcionamento do capitalismo dependente cubano. Buscam, isso sim, uma redemocratização do sistema, uma maior justiça econômica e social. Não se nomeia ainda o imperialismo como um inimigo e nem sequer se faz referência explícita aos interesses oligárquicos nacionais. Entre as classes revolucionárias definidas pela categoria povo, destacam-se os operários, camponeses e a pequena burguesia, mas não se explicita a qual classe corresponderá a hegemonia do processo revolucionário.

Agora, cabe perguntar: a ideologia do programa revolucionário do 26 de Julho, expresso em *A história me absolverá,* corresponde a qual classe?

Para Germán Sánchez, "a ideologia que permite a coesão da consciência dos jovens revolucionários de 1953 é sobretudo o pensamento de José Martí [...]. É também necessário reconhecer as influências da ideologia de Eduardo Chibas [...]".[10] Isso é, sem dúvida,

---

[9] "Ao menino, vocês não podem o chamar de jovem, não o podem chamar de homem e muito menos podem o chamar de avô, mas é possível que algum dia chegue a ser bisavô. A revolução tem fases distintas, nosso programa na luta contra Batista não era um programa socialista e nem podia ser um programa socialista realmente, porque os objetivos imediatos da nossa luta não eram e nem podiam ser objetivos socialistas; teria ultrapassado o nível de consciência política da sociedade cubana naquela fase. Teriam ido além do nível das possibilidades de nosso povo naquela fase. Nosso programa, quando do Moncada, não era um programa socialista, mas era o máximo de programa social e revolucionário que naquele momento nosso povo poderia se colocar". Castro, Fidel. "Diálogo con los estudiantes de Concepción". *In: Fidel en Chile.* [Santiago: Ed. Nacional Quimantú, 1971], p. 89. Nota da autora: na impressão desse texto, houve obviamente um erro gráfico: em lugar da palavra "rebasado" aparece escrito "rebajado". O leitor imediatamente adverte que se trata de um erro quando considera o contexto da frase de Fidel.

[10] Sánchez Otero, Germán. "El Moncada: inicio de la Revolución Cubana". *Punto Final.* Santiago, julio de 1972.

uma simplificação que conduz a ofuscar o caráter de classe do Movimento 26 de Julho. As ideologias não são de pessoas, ainda que se expressem por meio do pensamento delas. As ideologias são expressões dos interesses e das perspectivas de classes sociais. Carece de rigor científico dizer que a ideologia do 26 de Julho é "o pensamento de José Martí" ou "a ideologia de Eduardo Chibás". Seria necessário definir melhor, portanto, a que ideologia de classe correspondem os pensamentos de Martí e Chibás.

> Para os homens do Moncada [escreve o mesmo autor], Martí não era só o intelectual lúcido; é também o estrategista político e militar, o genial organizador da guerra de independência que pensou para evitar o domínio imperialista sobre a ilha. É, em síntese, o encontro do processo histórico que termina no século XIX com o processo histórico que se inicia no século XX. O programa de transformações que Martí pensou para a república cubana, suas posições anti-imperialistas [...], sua identificação com os setores explorados e sua prática revolucionária individual somavam uma potencialidade que permitiu ao grupo dos moncadistas a coerência ideológica mínima para se moverem contra as estruturas de dominação capitalista.[11]

Embora seja justa essa abordagem, é necessário fazer algumas considerações sobre a última observação que o autor faz quanto a *"uma potencialidade" anticapitalista*.

É certo que o pensamento de Martí é anti-imperialista e que há nele uma grande "identificação com os setores explorados". Seu anti-imperialismo provinha da análise objetiva do contexto histórico no qual se fundamentava a necessidade de que a independência, para ser efetiva, tinha de questionar não só o domínio da Espanha, mas também o dos Estados Unidos. Não se pode perder de vista que a guerra pela independência de Cuba ocorre várias décadas depois que esta já havia sido conquistada por outros países do continente.

---

[11] *Id., ibid.*, p. 5.

No final do século XIX, o domínio imperialista já era mais que uma ameaça, era um processo em expansão. A partir de 1878, quando fracassa a primeira guerra de dez anos pela independência cubana, se intensifica e se aprofunda a exploração norte-americana sobre a ilha. Nada excepcional, portanto, que o anti-imperialismo apareça cada vez com maior vigor desde então.

Essas observações não são feitas com a intenção de diminuir a grande figura histórica de José Martí. Seus méritos são enormes, tanto no que diz respeito à compreensão da realidade de seu país e do continente como de sua capacidade prática enquanto dirigente político, elaborador de toda uma concepção estratégica e tática. Mas se deve insistir que, embora Martí abandone progressivamente em seu pensamento muitos dos pressupostos do liberalismo, nunca ultrapassou os limites de um pensamento democrático e nacional, que, apesar de muito avançado e progressista, ainda se insere no âmbito teórico de uma concepção revolucionária burguesa. É inútil buscar em Martí um questionamento do modo de produção capitalista. Martí rejeitava a concepção de luta de classes e defendia a unidade de todos os cubanos e de todos os seus interesses. A nova república era concebida "com todos e para o bem de todos". A ideia do equilíbrio social em Martí é clara em muitos de seus textos até o final de sua vida, que é definida como: "Um povo novo e uma sincera democracia, capaz de vencer, pela ordem do trabalho real e o equilíbrio das forças sociais, os perigos da liberdade repentina numa sociedade composta pela escravidão".[12]

As citações a seguir ilustram esta afirmação:

> Impedir que as simpatias revolucionárias em Cuba se torçam e escravizem por qualquer interesse de grupo, para a preponderância de uma classe social ou a autoridade desmedida de um

---

[12] José Martí citado em Ramón de Armas. "La Revolución pospuesta: destino de la Revolución Martiana de 1895". [*Pensamiento Crítico*, [La Habana], n. 49-50, p. 7-119, feb.-mar. 1971.]

agrupamento militar ou civil, nem de uma comarca determinada, nem de uma raça sobre outra.[13]

Quem subtraia um direito, corte-se a mão, seja o soberbo que sacrifica o inculto, seja o inculto que sacrifica o soberbo. Mas esse trabalho será, em Cuba, menos perigoso pela fusão dos fatores adversos do país na guerra curadora; pela dignidade que nas amizades da morte o liberto adquiriu perante o seu senhor de outrora; pelo peculiar fermento social que, além do trabalho natural do país, trará à república as massas de camponeses e escravos, que, de mãos dadas de doutores e ricos de outros tempos e heróis da revolução, viveram, depois de 25 anos de trabalhar e ler e falar e de ouvir falar, como um exercício contínuo e consciente da capacidade do homem da república [...]. A esperança de uma vida cordial e decorosa anima hoje igualmente os prudentes do antigo senhorio e os cubanos de valores humildes, que na criação de si mesmos descobriram uma nobreza invencível, os quais veem perigo no injusto privilégio dos homens nulos; nada espera o povo cubano da revolução que a revolução não possa lhe dar. Se, nas sombras, entra-se em alianças, com os humildes ou com os soberbos, seria criminosa a revolução e indigna de que morrêssemos por ela. Franca e possível, a revolução tem hoje a força de todos os homens visionários, do senhorio útil e da massa cultivada, de generais e advogados, de fumicultores e *guajiro*,[14] de médicos e comerciantes, de amos e de libertos. Triunfará com esta alma e perecerá sem ela. Essa esperança, justa e serena, é a alma da revolução.[15]

---

[13] Martí, José. "Al General Máximo Gómez en diciembre de 1887", *In: Pensamiento Revolucionario Cubano*. [La Habana]: Edit. de Ciencias Sociales, 1971, p. 77.

[14] O termo *guajiro* foi escrito de múltiplas formas pelos cronistas das Índias, a partir de vocábulos indígenas cuja fonética não compreendiam plenamente. Dependendo do caso, o termo apresenta origem etimológica e conteúdo semântico diverso. O referido termo se aplica ao camponês cubano a partir do século XVIII e tem plena generalização no século XIX. *Guajiro* expressa um modo de vida, cultura e psicologia social e está estreitamente relacionado às raízes da nacionalidade do povo cubano. Mais sobre, conferir Cruz, Juan Carlos Rodríguez; Neto, Luiz Bezerra; Martínez, Carlos Antonio Córdoba. "Orígenes y evolución del término Guajiro". *Exitus*, Santarém, n. 1, v. 7, p. 427-440, set.-dez. 2017. (N.S.T.)

[15] Martí, José. "El tercer año del Partido Revolucionario Cubano (1894)". *In: Pensamiento Revolucionario Cubano*. [La Habana: Edit. de Ciencias Sociales, 1971], p. 179.

> O governo não é mais que o equilíbrio dos elementos naturais do país.[16]

O projeto revolucionário de Martí, além de preconizar a criação de uma república democrática, apresenta também uma série de transformações visando promover um processo de desenvolvimento econômico. Essas são a reforma agrária, a proteção à indústria, a ampliação do comércio internacional e a aceitação de investimentos estrangeiros. O comércio deve ser "inteligente e são" e os investimentos estrangeiros devem ser condicionados ao "respeito aos interesses nacionais".

Esse projeto corresponde, na época, fundamentalmente aos interesses de desenvolvimento de um capitalismo industrial nacional latino-americano. A reforma agrária, por exemplo, na base da pequena propriedade agrícola, tem como objetivo criar as condições para a expansão de um mercado interno para a indústria, além de atender às reivindicações do campesinato. É preciso recordar que esse é o período em que se realizam em vários países centro-americanos as chamadas "reformas agrárias liberais" que correspondem a um processo de modernização da economia primário-exportadora.

É válido argumentar que no projeto revolucionário de Martí essas medidas se apresentam como meios para atingir uma ordem econômica e social superior e não como fins, como faria uma concepção burguesa nacional típica.[17] Com base nesse ponto de vista, destaca-se no pensamento de Martí também o seu caráter idealista e utópico, que está presente além do mais na sua concepção da "união latino-americana" contra o imperialismo. Nesse sentido, pode-se considerar que Martí supera a concepção de desenvolvimento democrático-burguês e se transforma no precursor do pensamento radical pequeno-burguês na América Latina, cuja expressão mais completa foi o anti-imperia-

---

[16] Martí, José. "Nuestra América (1891)". *In: Pensamiento Revolucionario Cubano.* [La Habana: Edit. de Ciencias Sociales, 1971], p. 104.

[17] Armas, Ramón de ["La revolución pospuesta: destino de la Revolución Martiana de 1895". *Pensamiento Crítico* n. 49-50. [La Habana]: feb.-mar. 1971], p. 31.

lismo do partido Aliança Popular Revolucionária Americana (Apra) na sua primeira fase, na década de 1920 até começo dos anos 1930. No aprismo original, se encontram muitos dos supostos martianos, sobretudo a concepção de unidade latino-americana.

Contudo, se existem características utópicas no pensamento martiano, estas são secundárias e subordinadas a uma visão essencialmente tática da luta. Nele se destaca o político sensível, o organizador por excelência e o admirável conhecedor das condições objetivas para a independência de Cuba e, acima de tudo, o dirigente teórico e prático da guerra de libertação nacional.

Como se vê, são múltiplas as influências que o pensamento e a ação martianos oferecem aos jovens do 26 de Julho. Mas, em especial, o que Martí oferece é a ideia da libertação democrática nacional; é a ideia da resistência à opressão; é o chamado à luta; é a concepção da unidade de todo o povo; é o chamado à dignidade da nação contra a usurpação do poder por parte de minorias; é, em síntese, uma revolução nos marcos democráticos.

Nada mais natural que, dadas as condições em que a tirania governava, a influência do pensamento martiano se transformasse num fator revolucionário. Nos anos 1950, permaneciam pendentes a maior parte das tarefas que haviam sido apresentadas no fim do século XIX. Essas tarefas, como já apontado, se limitavam ainda aos marcos democrático-burgueses, mas *eram as tarefas revolucionárias que correspondiam ao momento histórico do país*.

Em Cuba, como em vários outros países do continente, não se observou o desenvolvimento de uma burguesia nacional vinculada aos interesses de um capitalismo industrial. Não se trata aqui de demonstrar como isso ocorreu,[18] mas sim partir desse fato para

---

[18] Essa tese foi discutida no trabalho da mesma autora intitulado "Integración Monopólica mundial e industrialización: sus contradicciones". *Revista Sociedad y Desarollo*. Centro de Estudios Socioeconómicos de la Universidad de Chile (Ceso), enero-marzo, 1972. Mais tarde o trabalho completo foi publicado sob

explicar por que em Cuba as tarefas democrático-burguesas são apresentadas pela pequena burguesia. A concepção revolucionária do 26 de Julho é a expressão de um projeto burguês formulado por um setor que corresponde ao mais radical da pequena burguesia.

É preciso levar em consideração que a maior parte do grupo que se constitui como o núcleo orgânico do movimento 26 de Julho provém da juventude do Partido do Povo Cubano (PPC). Esse partido, fundado em 1947 por Eduardo Chibás, foi composto pelo chamado setor "ortodoxo" que rachou com o Partido Revolucionário Cubano (PRC).

O PRC, originalmente, tinha uma linha nacionalista e anti-imperialista, influenciada pelo processo revolucionário dos primeiros anos da década de 1930. No entanto, quando chegou ao governo em 1944, com Ramón Grau, implementou uma política que correspondia aos interesses oligárquico-imperialistas, desencadeando todo um processo de repressão e de corrupção.

Os "ortodoxos" trataram de impulsionar o antigo programa nacionalista do PRC, defendendo medidas como a industrialização, por meio do protecionismo; a intensificação do comércio exterior e a reforma agrária, circunscrita em limites muito estreitos, sem golpear definitivamente o latifúndio e o imperialismo. Mas a ênfase da atuação política dos ortodoxos estava sobretudo numa crítica moralista à corrupção do governo. O moralismo encontrou sua expressão mais exacerbada na figura de Eduardo Chibás, em quem isso se mesclava, também, com o anticomunismo, que assumia a forma de questionamento do "imperialismo soviético" e do Partido Socialista Popular (comunista).

Essas características típicas da orientação e atuação política da pequena burguesia cubana em um momento histórico não são ori-

---

o título *Capitalismo dependiente Latinoamericano*. O artigo está disponível para acesso no *site* do Memorial-Arquivo Vânia Bambirra. (N.S.T.)

ginais. Elas também são dominantes em todos os movimentos nacionalistas pequeno-burgueses que se formaram na América Latina a partir dos anos de 1930. Entre suas melhores expressões, se destacam o Apra peruano e o Movimento Nacionalista Revolucionário (MNR) boliviano.[19]

O caráter de classe do programa

A ideologia original do Movimento 26 de Julho deve ser compreendida dentro dos marcos da concepção pequeno-burguesa latino-americana. É a partir dessa perspectiva que o programa expressado em *A história me absolverá* pode ser explicado em função dos interesses de classe subjacentes a ele.

O programa do 26 de julho não representa ainda uma superação do programa que orienta o "chibasismo". Fidel o define muito bem quando declara:

> O Movimento Revolucionário 26 de Julho não constitui uma tendência dentro do partido: é o aparato revolucionário do chibasismo, enraizado em suas massas, de cujo seio surgiu para lutar contra a ditadura quando a Ortodoxia jazia impotente dividida em mil pedaços. *Não abandonamos jamais seus ideais, e permanecemos fiéis aos mais puros princípios do grande combatente cuja queda se comemora hoje.*[20]

Mas o programa do 26 de Julho representa, sim, a radicalização dos postulados da Ortodoxia. Isso se expressa na distinção que Fidel faz das classes dominantes:

> Para as massas chibasistas, o movimento 26 de Julho não é algo diferente da Ortodoxia; é a Ortodoxia sem uma direção de proprietários de terras, ao estilo Picó Fernández Casas; sem latifundiários açucareiros, ao estilo de Gerardo Vásquez; sem especuladores de bolsa; sem magnatas da indústria e do comércio; sem

---

[19] Uma análise de ambos se encontra no nosso livro *Capitalismo Dependiente Latinoamericano*, capítulo VII. Chile: PLA, 1973.

[20] Castro, Fidel. "Mensaje al Congreso de militantes ortodoxos, 16 de agosto de 1955". *Pensamiento Crítico*, [La Habana], n. 31, ago. 1969, destaques nossos.

advogados de grandes interesses, caciques provinciais; sem politiqueiros de nenhuma índole; o melhor da Ortodoxia está travando esta bela luta do nosso lado [...].[21]

Essa radicalização ocorre de forma cada vez mais acentuada e consequente durante o transcurso da luta revolucionária. Mas ela se dá como um processo de etapas sucessivas. Para entendê-la, é necessário distinguir essas etapas, sem confundir o resultado a que se chega com o próprio processo.

É por isso que apresentamos como os citados a seguir não contribuem muito à compreensão do caráter inicial do Movimento 26 de Julho:

> A política revolucionária dos moncadistas e a assunção dos pressupostos políticos de José Martí os colocam numa posição histórica que supera o marco nacionalista burguês do movimento ortodoxo; a melhor prova disso consiste na estratégia que assumem – luta armada – e o projeto de mudanças iniciais que concebem – 'A história me absolverá' –, que transcende os programas populistas das décadas anteriores.[22]

Tal interpretação é criticável, pois se a influência do anti-imperialismo martiano é um fator que conduz o 26 de Julho a uma visão mais ampla e radical que a da Ortodoxia, o programa de *A história me absolverá* não significa ainda, enquanto tal, como foi destacado, uma superação dos programas nacionalistas burgueses. Porém, além disso, é um profundo equívoco considerar que a "maior prova" disso reside na estratégia de luta armada. A estratégia de luta armada pode ser utilizada por qualquer classe social. Ela não revela, por si só, nenhuma característica especial de uma determinada classe. Historicamente, a luta armada foi utilizada tanto pela burguesia, pela pequena burguesia, quanto pelo proletariado e por combinações dessas classes entre si. Ela pode, quando muito, representar a

---

[21] *Id., ibid.*

[22] Sánchez Otero, Germán. ["El Moncada: inicio de la Revolución Cubana". *Punto Final*. Santiago, jul. de 1972], p. 5.

radicalização da luta de uma classe contra outra, mas não muda, por si só, o sentido de classe de uma luta.

E aqui cabe fazer uma observação de fundo quanto à incompreensão e subestimação de Germán Sánchez – e de muitos outros analistas do processo revolucionário cubano – com relação ao papel revolucionário e de vanguarda que, muitas vezes, e no caso específico de Cuba, coube à pequena burguesia desempenhar. Germán critica Marcos Vinocour[23] por sua "conclusão absurda ao 'acusar' os moncadistas de serem representantes da pequena burguesia" e sustenta que "uma análise que classifique o estrato social da maioria dos rebeldes que buscaram tomar de assalto o Moncada chegará a uma conclusão bastante diferente". Porém, não se pode definir o caráter de classe de um movimento pela mera classificação do estrato social de seus membros, e Germán recorre a uma citação de Fidel, na qual naturalmente não estava tratando de definir o caráter de classe do 26 de Julho, para fundamentar sua abordagem: "Só homens do povo, das parcelas mais humildes do povo, sãos, desprovidos de ambição, podiam sentir aquela possibilidade, podiam sentir aquela fé, podiam crer que seria possível levar a cabo uma luta em condições tão difíceis".[24] Como se vê, a citação de Fidel não ajuda aos propósitos do autor.

Que motivos conduzem alguns analistas, em prejuízo do rigor e da objetividade científica, a tentar negar, por meio de todos os recursos possíveis, o caráter originalmente pequeno-burguês do movimento revolucionário cubano? Será por um caráter eventualmente depreciativo que tem tal classe? Se é por isso, de onde provém tal caráter depreciativo?

---

[23] Vinocour, Marcos. *Cuba, nacionalismo y comunismo*. Buenos Aires: Editorial Hemisferio, 1966.

[24] Castro, Fidel citado em Sánchez Otero, Germán. ["El Moncada: inicio de la Revolución Cubana". *Punto Final*, Santiago, n. 162, p. 5, jul. de 1972.]

O fato de o 26 de Julho expressar uma ideologia pequeno-burguesa por acaso diminui seus méritos? Por acaso isso foi uma limitação para que se fizesse a revolução socialista em Cuba? Por acaso não foi um setor da pequena burguesia latino-americana que, impulsionada pelo exemplo de Cuba revolucionária, deu grandes demonstrações de heroísmo e de entrega total à causa da revolução?

Já é tempo de superar tais preconceitos que só obscurecem a compreensão de um processo revolucionário. Uma das grandes lições da Revolução Cubana reside exatamente na compreensão do papel histórico da pequena burguesia. Cuba demonstra não só como um setor dessa classe social pode dirigir um processo revolucionário, mas também suas potencialidades de evolução e de autossuperação, quando, em aliança com o proletariado e o camponês pobre, uma grande parte da pequena burguesia assume como sua a perspectiva socialista.

Fidel Castro é a expressão mais completa da revolução condensada em um homem. Sua metamorfose – do homem de Moncada ao da Baía dos Porcos – é a expressão da metamorfose de uma classe, é a metamorfose da revolução.

NOVAS TENTATIVAS
DE INSURREIÇÃO URBANA

O ascenso do movimento popular e o Granma

> A etapa em curso desde a fundação do M-26-7 até o desembarque do Granma [...] é o início de um movimento que desenvolve uma atividade global contra a tirania, edita manifestos, jornais, picha muros, faz manifestações, se organiza ao longo da ilha, realiza sabotagens aos serviços públicos, tudo presidido pela bandeira da luta armada. Isto é, há uma acumulação de simpatia, de participação do povo, de experiência na luta, treinamento de quadros, que permitirão o desenvolvimento de novas situações provocadas pelo movimento revolucionário.[1]

No entanto, a preparação da segunda tentativa de insurreição, que culminará finalmente em 2 de dezembro de 1956, com o desembarque do Granma, ocorre em um contexto político muito distinto do que havia quando se realiza o assalto ao quartel Moncada. De 1953 a 1956, muitos fatos aconteceram na sociedade cubana que foram intensificando as contradições sociais e provocando um aumento da radicalização e da participação popular na luta contra a ditadura de Fulgencio Batista. Uma série de acontecimentos contribuiu para isso. Alguns autores[2] destacam o impacto que teve sobre

---

[1] Lara, José Bell. "La fase insurreccional de la Revolución Cubana". *Punto Final*, Santiago, [n. 164, p. 5], ago. de 1972.

[2] Sánchez Otero, Germán. ["El Moncada: inicio de la Revolución Cubana". *Punto Final*, Santiago, n. 162, p. 5, jul. de 1972.]

a opinião pública o violento massacre e a repressão dos jovens que assaltaram o Moncada. Fidel, em *A história me absolverá*, aponta que "a matança de prisioneiros havia parado pela enorme reação que provocou na sociedade". A ditadura não pôde ocultar, e em todo caso tentou utilizar, como uma medida exemplar, o assassinato de dezenas de rapazes. Naturalmente, tal conduta desnudava o caráter ostensivamente repressivo e odioso do regime. A atitude de Fidel na prisão fez com que a terrível derrota sofrida pelo 26 de Julho se transformasse em um profundo questionamento do poder ditatorial e, nesse sentido, "em uma vitória política". Seu famoso discurso *A história me absolverá*, que não era só uma defesa, mas uma poderosa denúncia acusatória contra o regime e que se transformou no programa inicial do Movimento 26 de Julho, foi divulgado na ilha – por instruções de Fidel –, passando a ser um importante instrumento de denúncia e de luta contra a tirania.

Até que ponto a luta contra Batista se põe na ordem do dia a partir do ataque ao Moncada? Há autores que opinam simplesmente que "a opinião pública não apoiou" a ação dos revolucionários.[3] Porém, tudo indica que a importância política que o Moncada teve não deve ser superestimada nem tampouco subestimada. Todo questionamento heroico e violento de um regime opressivo desperta a simpatia e a reflexão do povo, ainda que não possa gerar por si só as formas orgânicas de luta contra este. É natural, portanto, que o Moncada tenha impactado a consciência popular em boa medida, apesar da esquerda e dos partidos populistas terem condenado a ação.

Durante o período em que os sobreviventes do Moncada estão presos, se desenvolve todo um movimento, que conta com uma grande colaboração do PSP, pela anistia dos presos políticos. Esse movimento contribui a criar um clima antiditatorial e, sobretu-

---

[3] Ver Sartre, [Jean Paul]. *Visita a Cuba*. [La Habana]: Ediciones R., 1960, p. 69.

do, a favor da libertação dos presos, que é concedida por Batista, buscando uma manobra política no sentido de "liberalizar" seu governo, o que o leva também a promover uma "farsa eleitoral" no ano de 1955.

Mas o acontecimento mais importante desse período é a greve açucareira, que ocorre no final de 1955 e que adquire grandes proporções. Essa começa por uma reivindicação econômica – o pagamento do diferencial açucareiro (um salário adicional proporcional ao aumento do preço do açúcar) e logo se transforma numa luta política contra a ditadura, chegando a adquirir formas militares – barricadas – em Las Villas. As características que essa greve assume foram sem dúvida uma demonstração do profundo descontentamento existente entre os trabalhadores cubanos frente à tirania; porém, mais ainda, era a expressão de sua grande capacidade e disposição de luta, e sobretudo, uma manifestação de que estava começando um período de ascensão do movimento popular cubano.

A greve é duramente reprimida, mas ocorrem outras manifestações do ascenso do movimento popular, como são as agitações promovidas pelo movimento estudantil por meio da Federação Estudantil Universitária (FEU), sob a direção de José Antonio Echeverría. Dessa maneira, o movimento estudantil cubano seguia toda uma vasta tradição de luta iniciada nos anos 1920, sob a liderança de Julio Antonio Mella,[4] que desempenhou um papel importante no movimento revolucionário do início dos anos 1930. Foi nessa época que dirigentes da FEU formaram o Diretório Revolucionário com o objetivo de promover a insurreição.

Durante esse período,

> diariamente se realizavam ações por parte da militância do 26 de Julho que iam desde a pichação de muros, com bandeiras rubro-

---

[4] Julio Antonio Mella foi o criador da Universidad Popular José Martí e da Liga Anti-imperialista de Cuba na década de 1920, assim como um dos fundadores do Partido Comunista de Cuba, em 1925.

-negras do M-26-7, até a sabotagem aos serviços públicos; sem contar que os recursos para realizar as ações e manter o aparato do Movimento eram recolhidos centavo a centavo em uma tenaz campanha financeira entre o povo.[5]

Em paralelo à agitação constante que buscava criar um clima político favorável à insurreição, o M-26-7 preparava as condições infraestruturais para a sua deflagração no território nacional e no exterior, especialmente no México.

A concepção que orientava o Movimento era então, no fundamental, a mesma que o havia levado à tentativa de tomada do quartel Moncada: assalto imediato e "fulminante" ao poder por meio de uma insurreição urbana. Essa concepção se reflete na palavra de ordem "Em 1956, seremos livres ou seremos mártires".

Ainda que no essencial a concepção estratégica não tenha sido alterada, houve uma maior preparação na deflagração da insurreição e ela passou a ser concebida com mais amplitude, como o resultado da confluência de várias experiências históricas acumuladas. Mesmo que em um primeiro momento essa estratégia se apresente ao analista como um plano simples e quase rudimentar, ela incorporava elementos derivados de uma ampla tradição de lutas do povo cubano. A ideia do desembarque foi tomada da Guerra de Independência, de finais do século XIX, dirigida e comandada por Martí e Mateus; a ideia dos levantes urbanos, as tomadas de quartéis e de pontos-chave da cidade se inspiravam no movimento insurrecional dos anos 1930, na luta pela derrubada de Machado. A ideia da greve geral tinha também raízes nesse movimento: a ditadura de Machado havia sido derrubada pela pressão de uma greve geral que, começando por reivindicações econômicas, se transformou em um golpe mortal ao regime ditatorial.

O desembarque da expedição do Granma na região de Niquero--Pilón devia ser acompanhado por um levante em Santiago de Cuba

---

[5]   Lara, José Bell. ["La fase insurreccional de la Revolución Cubana". *Punto Final*, Santiago, n. 164], p. 7, [ago. 1972.]

e em outras cidades da província de Oriente (comandados por Frank País), assim como por várias ações de apoio em todo o país. Em Santiago de Cuba, cidade que seria o centro da insurreição devido a sua importância militar e política, havia sido planejado o assalto a vários quartéis da polícia, armazéns e arsenais, o bloqueio do quartel Moncada, a libertação dos presos políticos e a tomada de uma emissora de rádio com o objetivo de anunciar ao povo o começo da revolução.

Este último aspecto é o que impede de caracterizar a concepção estratégica do 26 de julho como *putschista*, pois todas as ações militares programadas tinham como objetivo paralisar o aparato repressivo e, em seguida, paralisar todas as atividades por meio do chamado a uma greve geral, mobilizar e armar o povo para então tomar o poder. A estratégia era, portanto, mais insurrecionalista, no sentido da insurreição urbana por meio de um levantamento das massas trabalhadoras.[6] Foi assim que Fidel a apresentou em dezembro de 1955:

---

[6] Sartre apresenta seu desacordo com a caracterização da estratégia do Movimento 26 de Julho como *putschista* porque os *putschs* "são vencidos ou perdidos nas cidades: um grupinho de conspiradores se apodera de surpresa dos ministérios, dos órgãos centrais, dos gânglios nervosos da capital. Se obtêm a vitória, a devem à surpresa: a cidade que foi dormir sob um regime, acorda sob outro. [...] Os homens do 2 de dezembro fizeram tudo ao contrário do que um *putschista* experimentado os haveria aconselhado: se anunciaram, recusando equilibrar pela surpresa a desigualdade das forças; marcaram um encontro com os soldados de Batista, por assim dizer. E mais, deram seu endereço: fizeram a ilha inteira saber que estavam acampados na Sierra Maestra." [Sartre, Jean Paul] *Visita a Cuba.* [La Habana: Ediciones R., 1960]. Embora Sartre tenha razão em dizer que não se tratava de um *putsch*, ele não aponta a razão mais transcendental para isso: o plano contemplava não a tomada imediata do poder por um grupinho, mas sim um chamado ao povo. Destacar aqui, como faz Sartre, a rejeição do fator surpresa é irrelevante, já que o anúncio da retirada para a Sierra Maestra foi posterior ao fracasso da estratégia do desembarque. O que caracterizava a concepção do M-26-7, como Fidel aponta no Manifesto n. 2 do Movimento 26 de Julho, era que "uma revolução, diferente de um *putsch* militar, é obra do povo, e o povo precisa estar atento para saber qual será sua participação na luta".

> Hoje, depois de termos que pagar um preço tão alto de sacrifício e de vidas pela consideração dos nossos compatriotas, *faremos o que não pudemos fazer então: pedir publicamente ao povo para que nos ajude,* preparar o país para a revolução com letra maiúscula sem possibilidades de fracasso; dar as palavras de ordem que as massas devem seguir em toda parte quando explodir como uma tempestade a rebelião nacional para que os destacamentos de combate, bem armados e bem dirigidos, e todos os quadros jovens de ação e agitação possam ser apoiados pelos trabalhadores de todo o país, organizados desde baixo sob células revolucionárias, capazes de desencadear a greve geral. O que o inimigo nunca saberá é onde estão as armas e em que momento e como irá estourar a insurreição.[7]

A segunda tentativa insurrecional levada a cabo pelo Movimento 26 de Julho fracassa. Em geral, se apontam como razões do fracasso aspectos técnicos, como a descoordenação entre o levantamento em 30 de novembro na província de Oriente, dirigido por Frank País, e o desembarque em 2 de dezembro, devido à precariedade do transporte utilizado (Granma); fracasso de uma série de ações específicas etc.

Frank País, em seu relato sobre a tentativa insurrecional em Santiago de Cuba, afirma que

> a população inteira de Santiago, inflamada e aliada dos revolucionários, cooperou unanimemente conosco. Cuidava dos feridos, escondia os homens armados, guardava as armas e os uniformes dos perseguidos; nos encorajava, nos emprestava as casas e vigiava o lugar, avisando-nos dos movimentos do Exército. Era bonito o espetáculo de um povo cooperando com toda valentia nos momentos mais difíceis da luta.[8]

Tais fatos contribuíram naturalmente com o reforço da convicção dos rebeldes de que o fracasso se devia a razões de ordem técnica e que os acontecimentos não punham em xeque sua estratégia. Tal atitude era possível na medida em que se isolavam – como se fosse

---

[7] Castro, Fidel. "Manifiesto n. 2 del 26 de Julio al pueblo de Cuba". *Pensamiento Crítico*, [La Habana], n. 21, [oct. 1968], destaques nossos.

[8] País, Frank. "La valerosa acción de Santiago de Cuba". *Pensamiento Crítico*, [La Habana], n. 29, p. 245, jun. 1969.

possível – as razões técnicas das políticas. Assim, o questionamento das primeiras não envolvia o questionamento da viabilidade de uma concepção estratégica em seu conjunto. Não obstante, foi o fracasso da segunda tentativa insurrecional que criou as condições para que se fosse gestando o que viria a ser uma mudança qualitativa da prática do 26 de Julho. O recuo até a Sierra Maestra significava, no momento, na prática, o abandono da estratégia insurrecionalista urbana e o começo do desenvolvimento de uma estratégia complexa, de guerra de guerrilhas rurais combinada com as guerrilhas urbanas. Mas nas novas condições o 26 de Julho não abandona definitivamente sua confiança no valor estratégico da insurreição urbana. *Até o fracasso da tentativa de greve geral em abril de 1958, a concepção do Movimento 26 de Julho será, ao contrário do que se acredita comumente, considerar as cidades como cenário principal de luta e as guerrilhas rurais como seu complemento.* Voltaremos mais adiante a essa questão.

Outras tentativas insurrecionais

O assalto ao Palácio Presidencial

O assalto ao Palácio Presidencial, realizado pelo Diretório Revolucionário (DR) em 13 de março de 1957, é uma manifestação da vigência da mesma concepção estratégica do M-26-7.

O Diretório Revolucionário era uma organização que surgiu "da Universidade em 1955"[9] e manteve sempre as características de classe de seu lugar de origem, ainda que tenha conseguido incorporar nas suas fileiras alguns elementos de extração operária.

São muitas as semelhanças que se podem encontrar entre o Diretório Revolucionário e o M-26-7: a ideologia, a composição social

---

[9] Chomón, Faure. *El asalto al Palacio Presidencial.* [La Habana]: Edit. de Ciencias Sociales, 1969. Esse relato do autor tem importância especial para o estudo histórico do *Directorio Revolucionario* (DR), pois Faure Chomón é um dos poucos membros fundadores sobreviventes dessa organização.

dominante de seus membros, assim como sua concepção estratégica. O que os diferencia basicamente é que, como já foi dito, o M-26-7 arrastava uma grande base de massas herdada da ortodoxia, enquanto o DR sempre foi um grupo reduzido, sem maior penetração em setores populares e sua influência de massas se restringia ao prestígio de líderes como José Antonio Echeverría e Fructuoso Rodríguez, que também eram dirigentes do movimento estudantil.

Até o assalto ao Palácio, o DR havia realizado atentados e sabotagem,[10] ações essas que tinham por objetivo criar um clima propício para a insurreição e a consequente derrubada da tirania. Para começá-la, elaborou-se o plano da tomada do Palácio e a execução de Batista.

> O Palácio se manteria em nosso poder, ocupando, para isso, todo o setor da cidade que o rodeava. O próximo objetivo que atacaríamos seria o Quartel Maestre da Polícia e assim sucessivamente todos os quartéis policiais que não se rendessem. Ao mesmo tempo, da Universidade sairiam destacamentos armados[11] a ocupar todas as emissoras e jornais desde os quais se faria um chamado à greve revolucionária e seriam dadas as instruções sobre os lugares que o povo deveria ir para se armar.[12]

Como se pode notar, essa concepção era absolutamente semelhante ao que inspirou o assalto ao Moncada e o desembarque do Granma.

---

[10] Um exemplo desse tipo de ação do DR foi o justiçamento do coronel Blanco Rico, homem de confiança de Batista.

[11] No original, "milícia". Embora usual para se referir a destacamentos armados mobilizados em processos de lutas políticas em diferentes contextos históricos, como a guerra de independência anglo-americana, as revoluções anticoloniais de independência da América Espanhola ou, ainda, as revoluções sociais do século XX, o termo adquiriu significado modificado, especialmente no Brasil do século XXI, referindo-se a grupos paramilitares formados por integrantes ou ex-integrantes de forças policiais que se utilizam da coerção e de práticas extorsivas para enriquecimento pessoal. (N.S.T.)

[12] Chomón, Faure. [*El asalto al Palacio Presidencial*. [La Habana]: Edit. de Ciencias Sociales, 1969], p. 13.

O Diretório acreditava que

> as condições haviam se aguçado extremamente, desencadeando o que seria a guerra final entre o povo e a tirania a partir dos últimos meses do ano de 1956. O justiçamento dos chefes dos corpos repressivos mais importantes, o coronel Blanco Rico e o general Carlos Cañizares; a última manifestação estudantil que havia acontecido em 27 de novembro daquele ano, em Havana –, sendo dispersada a tiros com um balanço de uma dezena de baleados –; a sublevação de Santiago de Cuba, no dia 30 de novembro; e o desembarque de Fidel, em 2 de dezembro, são uma cadeia de acontecimentos continuados que dão início à guerra, elevando extraordinariamente o grau combativo das massas, que é com o que conta a ação armada de 13 de março de 1957.[13]

O plano fracassou: não se conseguiu justiçar Batista nem obter o controle sobre o Palácio e, em uma ação paralela, no final da tomada da Rádio Reloj é assassinado o líder do DR, José Antonio Echeverría.

Mas, segundo Faure Chomón,

> o exército, acantonado no acampamento militar de Columbia, iniciou sua mobilização somente uma hora depois, quando se asseguraram do fracasso do ataque. A Marinha de Guerra permaneceu imutável. Os testas de ferro[14] civis e militares de Batista mais conhecidos não apareceram. Muitas figuras notórias do regime se esconderam com suas famílias ou iniciaram as gestões junto às embaixadas com o objetivo de pedir asilo. O povo se concentrava nas esquinas e nos estabelecimentos dos arredores pedindo armas.[15]

Faure Chomón trata de explicar o fracasso dessa tentativa insurrecional com razões de ordem técnica: "Se a Segunda Operação[16]

---

[13] Id., ibid., p. 44.

[14] Optamos aqui por "testas de ferro" para a expressão original "esbirros", no espanhol. (N.S.T.)

[15] Chomón, Faure. [El asalto al Palacio Presidencial. [La Habana]: Edit. de Ciencias Sociales, 1969], p. 45-46.

[16] "As operações que iniciariam o movimento seriam três. A primeira, o assalto ao Palácio por um comando formado por 50 homens. A segunda seria uma operação de apoio a esse comando na qual participariam mais de 100 homens.

tivesse ocorrido, a vitória seria assegurada no Palácio, e, com ela, a vitória sobre toda a cidade seria uma questão de horas". Acredita, além disso, que "nosso exército rebelde, formado e organizado depois dos anos de luta guerrilheira nas montanhas, *foi formado exatamente igual como exército popular em apenas alguns dias de luta nas cidades*, tal e como se formou o exército popular da República Espanhola no ano de 1936 [...]".[17] Tal crença na capacidade espontânea das massas para sublevar-se é típica de ambos os movimentos, o DR e o M-26-7.

Também o era a ideia de que a ditadura desabaria pelo seu próprio peso.

> Com a morte de Batista, a fuga de seus cúmplices e a luta armada em Havana poderia se pensar que a desmoralização das tropas do ditador no interior do país teria sido total, com a fuga também de seus chefes máximos, paralisando totalmente as operações militares e provocando a rendição dos que não estavam dispostos a correr o mesmo risco que seus chefes.[18]

Essas são as hipóteses que o autor levanta tentando justificar uma estratégia que, em várias oportunidades, foi posta à prova em Cuba (e em outros países) e sempre fracassou. Se a prática é um bom critério da verdade, então suas hipóteses carecem de base de sustentação.

E a terceira, a tomada da estação *Radio Reloj* para difundir a notícia da morte de Batista e se dirigir ao povo, devendo o comando que realizara a operação tomar depois a Universidade, onde seria instalado o nosso Quartel General." Chomón, Faure. [*El asalto al Palacio Presidencial*. [La Habana]: Edit. de Ciencias Sociales, 1969], p. 15.

[17] O DR contava entre seus militantes mais destacados com um ex-combatente da Guerra Civil Espanhola, Norberto Hernández. Porém, sem nenhuma dúvida, havia diferenças qualitativas entre a situação da Espanha e a conjuntura política cubana em março de 1957. Chomón, Faure. [*El asalto al Palacio Presidencial*. [La Habana]: Edit. de Ciencias Sociales, 1969], p. 45, destaques nossos.

[18] Chomón, Faure. [*El asalto al Palacio Presidencial*. [La Habana]: Edit. de Ciencias Sociales, 1969].

O curso posterior da Revolução Cubana demonstrou que era necessária uma nova concepção estratégica a fim de que se pudesse alcançar a vitória final. Demonstrou também que a destruição do aparato político-militar do regime ditatorial seria o produto da combinação de múltiplas formas de luta. E, finalmente, demonstrou que, por mais corrupto e com baixo nível de combatividade que fosse o Exército de Batista, este não se desmancharia em um só golpe, mas seria paulatinamente destruído, nos aspectos político e militar, no curso do desenvolvimento de uma nova estratégia complexa e ampla.

Depois do assalto ao Palácio Presidencial, a repressão sobre o DR foi dura e implacável. A maior parte de seus militantes foram barbaramente assassinados pelos lacaios de Batista nas casas e nos apartamentos que lhes serviam de refúgio. Do núcleo inicial que constituiu o DR (que passou a se chamar Diretório Revolucionário 13 de março, a data do assalto ao Palácio), poucos ficaram vivos para continuar a luta.[19] Posteriormente, essa organização se integra às guerrilhas. Mas, como núcleo relativamente reduzido de militantes, seu papel na guerra, embora importante, não chegará a adquirir uma relevância especial. É por isso que, na análise da guerra revolucionária, não nos deteremos em maiores considerações sobre ela.

Mas o assalto ao Palácio não foi a única tentativa de insurreição no ano de 1957. Até que o processo revolucionário adquirisse novas formas, os revolucionários cubanos tentariam outras vezes a tomada "fulminante" do poder. Em setembro, ocorre uma nova tentativa.

---

[19] Sobre a maneira como a repressão assassinava os militantes revolucionários, ver Rodríguez-Loeches, Enrique. "El Crímen de Humboldt 7". *In: La Sierra y el Llano*. [La Habana]: Casa de las Américas, 1961, p. 143 e seguintes.

A sublevação da Marinha

A sublevação da Marinha, por meio do levantamento da guarnição de Cienfuegos, em 5 de setembro de 1957, é outro acontecimento que confirma mais uma vez a persistência da mesma linha estratégica no processo revolucionário cubano.

Essa nova tentativa insurrecional ocorre poucas semanas após a realização da grande greve espontânea que sucedeu ao assassinato de Frank País. Tudo indica que esse fato contribuiu para fortalecer a crença dos militantes do M-26-7 de que as condições estavam dadas para a derrubada da tirania.

Os fatos ocorreram assim:

> as tropas do regime celebraram como de costume seu Quatro de Setembro. Os ecos daquela festa tinham recém-terminado quando o estabelecimento naval de Cayo Loco era assaltado por marinheiros e civis de filiação fidelista.
>
> [...] grupos de civis do 26 de Julho começaram a se concentrar no litoral, perto da base da Marinha. Entre eles, iam alguns marinheiros. Todos tomaram os botes e se dirigiram ao distrito naval. O chefe, coronel Comesañas, dormia tranquilamente [...].
>
> A surpresa foi completa. Não houve resistência. O coronel Comesañas e outros oficiais foram presos no calabouço; San Román[20] fez um discurso agitativo, houve vivas a Fidel *e começou a distribuição de armas entre a população civil*. [...] às oito da manhã, o chefe policial anunciou que estava disposto a resistir. Começou a batalha, uma das maiores desta guerra de libertação. Por fim, os policiais içaram a bandeira branca e, com seu chefe, foram conduzidos a Cayo Loco. Cienfuegos havia sido liberada... Infelizmente, ao meio-dia, apareceram sobre a cidade os primeiros jatos. A cidade, e especialmente Cayo Loco, foi selvagemente castigada com bombas e metralhadoras. A infantaria do exército chegou para completar o trabalho. Os baluartes rebeldes, na estação da polícia e em Cayo Loco, não demoraram a cair ante as investidas dos tanques. Vinte e quatro horas depois de ter começado, tinha acabado a resistência rebelde, e o chefe daquela ação desapareceu misteriosamente.[21]

---

[20] Um tenente que aderiu ao fidelismo.

[21] "Cienfuegos: La sublevación de la Marina". *In: La Sierra y el Llano*. [La Habana]: Casa de las Américas, 1961, p. 171 e seguintes.

Essa tentativa de insurreição foi levada a cabo de novo pelo M-26-7. Dessa vez, a ação inicial de tomada da guarnição e da estação da polícia foi bem-sucedida. No entanto, o êxito da primeira etapa do plano e a distribuição de armas ao povo não puderam garantir por si só a vitória da insurreição. Os motivos atribuídos ao fracasso são sempre os mesmos das outras tentativas desse tipo: razões de ordem técnica. Foi devido à aparição dos "jatos" e à "infantaria do exército".

Porém, apesar do elemento surpresa da sublevação, como ocorreu no assalto ao Palácio Presidencial, nenhuma dessas tentativas pode ser definida como *putschista* pelas mesmas razões que foram apontadas para desqualificar essa definição no caso do Moncada e do Granma. A concepção estratégica de todas essas tentativas insurrecionais, como já muito insistido, é a mesma: a vigência profunda e enraizada no processo revolucionário de Cuba do insurrecionalismo urbano que está baseado na confiança de que a luta massiva do povo é o fator principal para a derrocada da ditadura.

RUMO A UMA REAVALIAÇÃO DO MOVIMENTO 26 DE JULHO

A base social

Em geral, os analistas da Revolução Cubana atribuem, desde o fracasso do desembarque do Granma, uma prioridade às guerrilhas rurais em todas as etapas da luta revolucionária.

Tal prioridade absoluta não aconteceu na realidade. Ao contrário do que uma análise simplista pode equivocadamente sustentar, a experiência cubana demonstra como em uma guerra revolucionária se combinam várias formas de luta; como não existe um predomínio absoluto de uma forma sobre outra em todos os momentos do processo; como as formas de luta estão relacionadas com as situações políticas e, dessa maneira, como uma modalidade de luta que é predominante em um momento pode deixar de ser no momento seguinte, dando lugar a uma outra forma mais adequada às condições do período.

É necessário reavaliar tanto a importância da organização de tipo partidário[1] (assim como foi o M-26-7) quanto a importância das cidades na guerra revolucionária.[2] Acima de tudo, porém, é

---

[1] Assim nos referimos à organização do M-26-7 porque, embora tenha cumprido funções de partido revolucionário, não tinha muitas das características típicas de um partido.

[2] "Há um fato também que consideramos de justiça elementar: o caráter da nossa luta e que tenha se iniciado na Sierra Maestra e que, ao fim e ao cabo, as

necessário destacar o grande respaldo político que o movimento tinha de parte dos setores populares desde os dias que se seguiram ao desembarque do Granma. Dessa forma, fica evidente uma das condições indispensáveis para o seu triunfo.

A descrição feita por Che Guevara da grande acolhida que os rebeldes receberam desde os primeiros dias na Sierra Maestra por parte dos camponeses, quando "éramos uns 17 homens", revela que eles não saíram do zero, mas a luta de guerrilha começou a semear a rebelião num solo fértil:

> Todos tínhamos sentido o carinho sem reticências dos camponeses da região; tinham nos atendido e conduzido por meio de uma grande rede clandestina desde os lugares onde fomos resgatados até o ponto de reunião, na casa do irmão de Crescencio Pérez.[3]

Che descreve esse apoio ativo a tal ponto que se traduz, desde o começo, no recrutamento de combatentes.

> Foram passando os dias e, pouco a pouco, pessoas sendo recrutadas. Os primeiros camponeses chegavam, às vezes desarmados, às vezes trazendo armas que nossos companheiros haviam abandonado em casas amigas em canaviais, ao fugir. A pequena tropa contava com 22 fuzis no momento em que se atacou La Plata, em 17 de janeiro de 1957, um mês e 15 dias depois do desembarque.[4]

---

batalhas decisivas foram travadas pelas forças guerrilheiras fizeram com que, durante um longo processo de tempo, quase toda a atenção, reconhecimento, admiração e a história da Revolução se centrasse no movimento guerrilheiro nas montanhas. Deve-se dizer também, pois não há nada mais razoável nem mais saudável que ser justo, que esse fato tendia, em certo sentido, a diminuir, na história da Revolução, o papel das pessoas que lutaram nas cidades, o papel das pessoas que lutaram no movimento clandestino e o papel e o heroísmo extraordinário dos milhares de jovens que morreram lutando em condições muito difíceis." Castro, Fidel. "Discurso pronunciado en la conmemoración del X Aniversario del 9 de Abril". *Pensamiento Crítico*, [La Habana], n. 28, p. 135, 1969.

[3] Guevara, Ernesto Che. "Una revolución que comienza". *In: Obra revolucionaria*. México: ERA, 1967, p. 263-264. [Este texto foi publicado também na revista *Pensamiento Crítico*, [La Habana], n. 6, p. 8-30, jul. 1967 (N.S.T.)]

[4] *Id., ibid.*, p. 263-264.

Afirma também que "muitos camponeses fugiam aterrorizados ante a nossa presença, por medo de represálias do governo"; e observa que os rebeldes não podiam "ainda contar com o apoio *unânime* do povo" (!). E Che prossegue em seu relato dizendo que "*um mês depois, em meados de março, já estava conosco um punhado de homens enviados de Santiago de Cuba por Frank País*".[5]

Faustino Pérez faz testemunhos semelhantes sobre a acolhida com que os camponeses brindaram os rebeldes nos dias de dezembro de 1956:

> – Eu sou revolucionário, se for possível, gostaria de pedir alimento para mim e para meus companheiros.
>
> O camponês, receoso, nos olhou por uns instantes sem dizer nenhuma palavra. Dirigindo-se a seu interlocutor, perguntou:
>
> – Onde está sua boina?... E as botas, onde as deixou?
>
> Apressado, o enviado replicou:
>
> – Eu perdi a boina e as botas, mas meus companheiros, sim, as trazem...
>
> Então me olhou fixamente e depois de apalpar minhas botas, exclamou:
>
> – Vocês são nossos sim!... Do pessoal de Fidel Castro... Têm que se cuidar, pois muitos soldados rondam.
>
> Logo mobilizam a vizinhança. Chegam desconhecidos com mãos cheias: frango assado, banana frita, mandioca com molho, frutas e leite.
>
> Um banquete [...].
>
> Ali começava uma rede de guias zelosos e eficientes organizados por Crescencio Pérez. *A partir desse instante não nos faltou nada: orientação, comida e descanso.*[6]

E Faustino segue em seu relato:

> [...] ao anoitecer, enquanto nos preparamos para partir, fomos surpreendidos com a presença de uma pequena multidão. Vimos que se aproximavam: eram 20 jovens das redondezas que pretendiam

---

[5] *Id., ibid.*, p. 263-264, destaques nossos.

[6] Pérez, Faustino. Yo vine en el '*Granma*'. *In: La Sierra y el Llano, op. cit.*, p. 81, destaques nossos.

se juntar. Todos perguntavam por Fidel, até que conseguiram o reconhecer.

– Você é Fidel Castro!... Eu vi seu retrato nos jornais.

Em 20 de dezembro, chegamos no alto de uma colina. Vimos uma granja próxima e nos adiantamos ao ordenhador, que nos trouxe vários litros de leite. Alguém do grupo disse:

– Sim, Crescencio Pérez me falou de vocês...

[...] Dias mais tarde, se produziu a visita esperada: Crescencio Pérez. [...] Mais de uma centena de jovens o acompanhavam.[7]

Esses relatos demonstram a grande acolhida que os camponeses deram aos rebeldes graças a um trabalho de propaganda do Movimento, realizado especialmente por um camponês, Crescencio Pérez. Em contrapartida, se deduz claramente, pela correspondência de Frank País com Fidel Castro, que a organização urbana do M-26-7 estava em condições de respaldar a luta guerrilheira, não só com o importante aporte de combatentes, mas também com equipes, armamentos e munições, até o ponto de dispor de morteiros.

Assim, Frank País escreve a Fidel:

Me cansei de pedir à Norma[8] alguma forma de te enviar uniforme, mochilas e botas etc. [...] Pedi-lhe que me dissesse qual quantidade se pode levar em cada viagem e com que frequência [...] Também quero que me especifique o quanto necessitas [...] Se você me fixar quantidades, eu te enviaria pouco a pouco junto com uniformes, comida etc. Também se necessitas coldres para pistolas e de que calibre, pentes para metralhadoras, de que tipo e quantos, pentes de M-1, de que tipo e quantos. As balas 30.06 e de M-1 estão escassas, mas, mesmo assim, posso conseguir, me peça. Me diga o número de botas que mais precisam e em que quantidade; *Che nos mandou um pedido assim e imediatamente o enviamos*. No dia 10 deste mês, vamos iniciar o Plano Nacional n. 2, que consiste em *um mês de sabotagem coordenado nacionalmente*, vamos apertando pouco a pouco.

---

[7] *Id., ibid.,* p. 82, 83.

[8] "Norma" é o codinome de Celia Sánchez.

Na mesma carta, Frank País fala da "disciplina e organização" do M-26-7 em âmbito nacional. Fala da falta de respaldo popular da ditadura e, em paralelo, da colaboração do povo na denúncia do aparato repressivo ditatorial. "Já descobrimos duas casas quartéis. Tu sabes, aqui é muito difícil que possam trabalhar e se mover *sem que em seguida o povo os descubra e os aponte*" [...].[9]

É necessário destacar esses dois fatores que são de importância relevante no processo revolucionário cubano e que estão intimamente relacionados.

Primeiro, o apoio popular à luta insurrecional que se manifesta no campo por meio do apoio que os camponeses dão às guerrilhas desde seu começo e que se reflete, sem dúvida, na existência de um clima político favorável na zona rural a uma oposição ao regime existente; e, nas cidades, se manifesta em um respaldo ao movimento de resistência à ditadura, cujas manifestações se dão de variadas formas e variados aspectos, por exemplo, o apontado por Frank País. Segundo, a existência de uma vasta organização de tipo partidário que se estendia por todo o país e que criava as condições básicas, infraestruturais e políticas, para o desenvolvimento da luta insurrecional. Só uma organização bastante importante poderia superar as muitas e tão variadas necessidades dos combatentes da Sierra, de forma tão eficaz como apresenta Frank País. Só uma organização bastante grande e bem disciplinada poderia propor satisfazer todas essas necessidades enquanto, ao mesmo tempo, se propunha implementar um plano de "um mês de sabotagem coordenado nacionalmente". Para tudo isso, eram necessários abundantes recursos humanos e materiais. O M-26-7 contava com essas condições.

É importante, pois, procurar caracterizar mais amplamente em que consistia o Movimento. Fidel o definia assim:

---

[9] "Carta de Frank País a Fidel Castro, 5 de julho de 1957". *In: La Sierra y el Llano*. [La Habana]: Casa de las Américas, 1961, p. 160, destaques nossos.

O 26 de Julho se entrega sem ódios contra ninguém. Não é um partido político, mas um movimento revolucionário; suas fileiras estarão abertas para todos os cubanos que sinceramente desejem reestabelecer a democracia política em Cuba e implantar a justiça social. Sua direção é colegiada e secreta, composta de homens novos e de forte vontade que não têm cumplicidade com o passado; sua estrutura é funcional; em seus *grupos de combate*, em seus *quadros juvenis*, em suas *células operárias secretas*, em sua *organização feminina*, em suas *seções econômicas* e em seu *aparato distribuidor de propaganda clandestina por todo o país*; poderão se envolver jovens e velhos, homens e mulheres, operários e camponeses, estudantes e profissionais [...].[10]

Como se pode observar, o M-26-7 era uma organização bastante ampla e complexa, com múltiplas ramificações tanto sociais como operacionais.

Como se sabe, inicialmente, a maior fonte de recrutamento do M-26-7 era o Partido Ortodoxo, mas também o integravam elementos "procedentes de outras vertentes revolucionárias, como o Movimento Nacionalista Revolucionário, a Ação Libertadora, a Ação Revolucionária Nacional e outros grupos que aglutinavam, no mais, inimigos veementes da tirania".[11] Desde seus primeiros dias de vida, o movimento já podia dispor de uma quantidade relativamente grande de quadros. O próprio Fidel afirma que para cada homem que havia assaltado o Moncada havia mais 20.[12] É também Fidel quem diz que "ao sair das prisões, [...] nos comprometemos a vertebrar uma forte organização revolucionária e a dotá-la dos elementos necessários para dar ao regime a batalha final".[13] E um analista do M-26-7 afirma que "em 2 de dezembro de 1956, quando ocorreu o

---

[10] Castro, Fidel. "Manifiesto n. 1 del 26 de Julio al pueblo de Cuba". *Pensamiento Crítico*, [La Habana], n. 21, p. 217, [out. 1968], destaques nossos.

[11] Tabares, José. ["Apuntes para la historia del Movimiento Revolucionário 26 de Julio". *Pensamiento Crítico*, [La Habana], n. 31], 1969, p. 137.

[12] Ver [Castro, Fidel.] *A história me absolverá*. Várias edições.

[13] Castro, Fidel. "El Movimiento 26 de Julio". *Pensamiento Crítico*, [La Habana], n. 31, [1969].

desembarque do Granma, esta organização já cobria quase a totalidade do território nacional e atuava em todas as suas localidades".[14] Segundo o mesmo analista, além da direção nacional, o Movimento contava com direções provinciais, com aparatos de "Ação, Finanças, Propaganda, Operário etc.".

> Os clubes patrióticos e delegações do exílio e a resistência cívica formarão parte da *pujante organização que movia seus quadros de uma a outra de suas seções, dentro e fora do território nacional, de uma a outra frente de combate, do* llano *à* sierra *e vice-versa, como um todo orgânico*, de acordo com suas necessidades, transferindo da mesma forma seus recursos financeiros e materiais.[15]

A coerência entre a estratégia e a organização

O caráter do M-26-7, assim como a forma em que foi concebida a sua estruturação, se adapta à concepção estratégica e tática que o orientava, ou seja, à concepção de uma insurreição urbana que buscava o assalto imediato ao poder. Essa concepção, como destacamos anteriormente, foi a orientadora da prática do 26 de Julho até o fracasso da tentativa de greve geral em abril de 1958. Carece, portanto, de exatidão afirmar que "o aparato de ação urbano desempenhou um papel secundário", como faz José A. Tabares, quando diz que:

> o aparato de ação urbana, o destacamento armado, com constantes atos de sabotagem, justiçamento de lacaios e traidores etc., levou *a guerra civil às cidades desde 30 de novembro de 1956,* quando o M-26-7 se lançou à luta. Sendo uma frente secundária, militarmente, sofreu grandes baixas, possivelmente em maior número que o Exército Rebelde, e serviu para treinar quadros, *criar um ambiente político e psicológico adequado e para obrigar a tirania a manter fortes guarnições nas cidades, protegendo as propriedades, vidas de funcionários etc.*, de modo que de seus 50 mil homens Batista não pôde empregar simultaneamente mais de 12 mil contra o Exército Rebelde. [...] Quadros técnicos, militares, médi-

---

[14] Tabares, José. ["Apuntes para la historia del Movimiento Revolucionario 26 de Julio". *Pensamiento Crítico*, [La Habana], n. 31], 1969.

[15] *Id., ibid.*, p. 138, destaques nossos.

cos, radialistas, artilheiros e centenas de combatentes vinham do aparato de ação urbano [...]. E, ao se desenvolver a ofensiva, em dezembro de 1958, *atuaram a partir de dentro do território inimigo em seu apoio.*

Além disso, o autor afirma que:

> Entre 30 de novembro de 1956, o desastre de Alegría de Pío e a greve de 9 de abril, o Exército Rebelde estava em frangalhos, precisava de constante ajuda em homens, armas e recursos do resto do movimento e, ainda que vitórias como a de La Plata e El Overo tivessem comovido a nação, as espetaculares sabotagens urbanas e a aparição de cadáveres nas ruas, terrivelmente torturados, tinham política e psicologicamente uma grande importância e ressonância.[16]

Para situar com exatidão o papel da luta urbana e, consequentemente, a atuação urbana do M-26-7, é necessário esclarecer algumas questões de caráter histórico e interpretativo. Uma delas é a importância do "aparato urbano" do 26 de Julho, que parece indiscutível, e qualquer análise séria e documentada da Revolução tem que reconhecê-la, ainda que sejam mais comum as afirmações do tipo que faz o autor antes citado, que trata de reduzir o papel da organização urbana à logística, bem como seu papel na luta restrito aos "aparatos" operacionais. É natural que, dessa maneira, seja fácil atribuir prioridade absoluta – ou seja, uma prioridade que não distingue momentos nem etapas de luta – à luta guerrilheira dirigida pelo Exército Rebelde.

Esse tipo de interpretação conduz a uma simplificação da importância que teve na guerra a participação de amplos setores sociais e a desfiguração da própria concepção de luta que orientava o movimento. Faustino Pérez afirma que

> *sempre pensava que a luta deveria culminar numa insurreição de tipo geral e a greve; isto é, a atuação das guerrilhas desenvolveria as condições e a consciência, e a questão se tornaria um problema de massas,* como definitivamente ocorreu no primeiro dia de janeiro

---

[16] *Id., ibid.*, p. 139 e seguintes, destaques nossos.

> de 1959. Então *encaminhamos nossos passos e a organização geral nesse sentido.* A própria estrutura organizativa do Movimento 26 de Julho incluía um responsável pela organização operária como um dos fatores mais importantes. Nos centros de trabalho, dentro do executivo provincial e nas regiões etc., havia sempre um responsável pela organização dos trabalhadores os preparando para a greve, além dos responsáveis por propaganda, finanças, ação etc.[17]

Outra questão a destacar é a de que a análise histórica da Revolução Cubana nos mostra que o "palco principal" da luta não foi sempre o campo. Ele o foi durante um período muito curto, que foi a grande ofensiva de 12 mil homens do Exército de Batista à Sierra Maestra, que vai de junho até agosto de 1958. Durante esses meses, de fato, foi selado o destino da Revolução e o triunfo do Exército Rebelde contra as tropas da tirania; isso foi, sem nenhuma dúvida, o fator definitivo da vitória. Essa ofensiva foi a tentativa da ditadura de destruir o Movimento depois do fracasso da greve de abril. Mas, até então, de acordo com a própria concepção dos rebeldes, a vitória da revolução se decidirá nas cidades por meio de um assalto insurrecional ao poder possibilitado por uma greve geral.

Até abril de 1958, o papel do Exército Rebelde era concebido como o de fazer a propaganda contra a ditadura e criar uma força armada nas serras para respaldar no momento decisivo a insurreição urbana. Contudo, a partir do momento em que essa concepção do insurrecionalismo urbano é questionada em definitivo, em abril de 1958, se produz uma mudança qualitativa, na prática e na concepção teórica do movimento revolucionário: as guerrilhas assumem o papel de centro aglutinador do movimento, função que seus membros continuarão exercendo até depois da tomada do poder.[18]

---

[17] Pérez, Faustino. "Seminario latinoamericano de periodistas". *Pensamiento Crítico*, [La Habana], n. 28, 1969, destaques nossos.

[18] "No intervalo compreendido entre 9 de abril de 1958 e 1º de janeiro de 1959, o Exército Revolucionário é a vanguarda e absorveu, assimilou o restante do M-26-7". Tabares, José A., *op. cit.*, p. 143. Essa afirmação do autor, com a qual concordamos, revalida o pensamento de que a luta guerrilheira é a forma

Pode-se afirmar, em síntese, que tanto da perspectiva da prática política quanto do ponto de vista da concepção geral que orientava o Movimento, a luta urbana é a forma principal de luta até abril de 1958. A partir de então e, sobretudo, a partir da ofensiva do exército de Batista, a guerrilha rural se transforma na principal forma até a derrota da ofensiva ditatorial e que marca o começo da ofensiva rebelde. Finalmente, o predomínio da guerrilha rural é superado desde o momento em que as duas colunas invasoras se deslocam até o *llano*, comandadas por Che Guevara e Camilo Cienfuegos – que expandem o enfrentamento militar com o exército de Batista por várias regiões, ainda que a direção geral da guerra siga nas mãos da chefia do Exército Rebelde. Nessa última etapa da guerra revolucionária, se verifica a combinação de múltiplas formas de luta que vão desde as guerrilhas, passando por diversas formas de resistência e hostilidades parciais até os enfrentamentos entre exércitos convencionais, culminando finalmente com a greve geral.

Para fundamentar melhor nossas afirmações, é necessário discutir mais detidamente e, sempre com base em textos de participantes na guerra revolucionária, a concepção da greve geral e como se tentou implementá-la.

---

principal de luta somente durante um período da guerra revolucionária. É necessário afirmar também nosso desacordo com sua interpretação de que o Exército Rebelde "absorveu, assimilou o resto do M-26-7". Essa afirmação é falsa porque, como demonstrado antes, o M-26-7 era uma organização de grandes dimensões e, como se sabe, o Exército Rebelde não teve em suas fileiras nem mil combatentes, em sua maioria camponeses. Talvez o autor tivesse razão se se referisse aos "aparatos" operacionais do M-26-7 e não ao movimento em seu conjunto.

A GREVE GERAL

A concepção de greve geral

A concepção insurrecional do M-26-7, que afirma a luta urbana como principal forma de luta e que, por sua vez, demonstra a importância da organização, se encontra expressa em vários dos seus principais documentos históricos. A carta de Frank País "por la Dirección Nacional del M-26-7" (que naturalmente era toda urbana...) a Alejandro (Fidel Castro), com data de 7 de julho de 1957, merece, por sua importância, ser citada amplamente. Diz País:

> Decidimos audazmente repensar todo o Movimento. Pela primeira vez, a Direção foi centralizada em poucas mãos, foram separadas e fixadas claramente as distintas responsabilidades e trabalhos do *Movimento*, e nos demos a tarefa de torná-lo mais ativo e pujante. Mais uma vez, tivemos que insistir muito sobre a *organização* e a *disciplina*. A situação do país, a pressão e a tenacidade do regime nos deram um impulso formidável que *hoje nos coloca como eixos de todas as soluções possíveis. Sempre se falou de Greve Geral*, mas com os guerreiros prontos esse ponto foi negligenciado repetidamente, se trabalhava sobre ele sem fé e de uma forma ineficaz. Agora a situação mudou, se vê que a Greve Geral é possível, que é necessária, que é tão importante trabalhar nela como na Ação e assim foi feito.[1]

---

[1] "Carta de Frank País a Fidel Castro". *Pensamiento Crítico*, [La Habana], n. 29, p. 253 e seguintes, jun. 1969, destaques nossos.

Frank País continua falando sobre o trabalho que estava realizando e que ainda precisava ser feito junto à classe trabalhadora. Ele menciona o fato de que uma Direção Provincial de Trabalhadores havia sido criada com suas respectivas Direções Municipais:

> funcionando a todo fôlego e com muita independência econômica e propagandística..., era necessário que o mesmo trabalho fosse realizado em toda a ilha e fosse constituída uma Direção Nacional de Trabalhadores, que daria a pauta e marcaria o dia da Greve Geral. Isso seria feito de uma maneira *intensamente* acalorada e apoiada pela Direção do Movimento. Em três meses, nossos quadros precisam atingir a capacidade máxima. *O programa operário,* suas ideias e sua propaganda poderão se unir à conjunção final planejada.

Ele também fala da necessidade de organizar um "Comitê de Greve cujo trabalho seria mais amplo". Chama a atenção para o fato de que *"todos os organismos que te mencionei são genuinamente do 26 ou estão intimamente ligados a ele"*, e que existiam outras organizações que "concordam em realizar a paralisação nacional para derrubar o regime". Mais adiante, Frank País acrescenta que:

> *nossa força consiste em nossa beligerância ativa e em nossos quadros operários e de resistência que já possuem uma força muito poderosa e que, na realidade, de todas circunstâncias que possam ser produzidas, sempre marcariam o curso revolucionário já planejado.* [...] toda Cuba se lançará à Greve Geral com uma onda de *sabotagem operária,* técnica e revolucionária nunca antes vista. Quero esclarecer, porque esqueci, que em todas as Direções dos Trabalhadores há grupos de sabotagem para apoiar o momento em que a ação nacional será desenvolvida. *Dada a importância e sua função crucial, esses grupos são de militantes do 26.*

Ele também fala sobre a estruturação do movimento, da composição da Direção Nacional, comunicando que "um delegado da Serra está anexado a esta Direção, que é Norma" (Celia Sánchez).

Frank País conta que se trabalhava intensamente para fazer um programa revolucionário para o movimento, que foi realizado por partes "em diferentes setores e em diferentes províncias", e diz a Fidel, "se você tem sugestões para alguns trabalhos, envie-as", avisando que "quando o rascunho do que vai ser o Programa já estiver completo, eu o enviarei para que você o supervisione e opine". Ele acrescenta que "a imprecisão do pronunciamento [...] faz com que muitos ainda desconfiem de nossas intenções [...] *o povo de Cuba não aspira mais derrubar o regime, nem à substituição de figuras, mas deseja mudanças fundamentais na estrutura do país* [...]". Frank País termina sua carta pedindo a opinião de Fidel "sobre todo o trabalho realizado".

Esse importante documento histórico revela uma série de elementos-chave para compreender a concepção revolucionária do Movimento, suas formas de organização, as relações entre o *llano* e a *sierra*, a prioridade dada ao trabalho junto à classe trabalhadora. Por meio desse documento – que deve ser tomado não como uma carta pessoal, mas um relatório da Direção Nacional ao líder do Exército Rebelde – se revela como um todo o que é confirmado em outros documentos e cartas de Frank País: a importância que tinha a organização do M-26-7, sua diversificação, sua presença na classe trabalhadora e sua coordenação em âmbito nacional. Frank País revela com toda clareza a concepção de insurrecionalismo urbano que professava o Movimento. Todas as práticas desta giravam em torno de ser possível, em curto prazo – em questão de poucos meses –, a deflagração da insurreição por meio de uma greve geral. Se contava com uma reação rapidamente favorável da classe trabalhadora ao chamado da organização e, depois, à rebelião. A classe trabalhadora foi entendida como a principal força motriz da revolução; a principal forma de luta foi a insurreição das massas trabalhadoras na própria greve, complementada com a sabotagem, na qual os operários também teriam um grande papel.

Segundo o documento, o *llano*, o movimento revolucionário urbano, aparece, sem dúvida, como o motor do processo insurrecional. A Direção Nacional, nela localizada, é responsável por preparar e dirigir a insurreição. A "*Sierra*", embora tivesse um delegado ligado

A GREVE GERAL

à direção, na prática não poderia aspirar ter mais importância na orientação e tomada de decisões do Movimento.

O Exército Rebelde tinha até então a função de apoiar o movimento revolucionário. Como Fidel o expressou:

> No início, ainda não se via com muita clareza qual era o papel do movimento guerrilheiro e qual era o papel da luta clandestina. É verdade que, mesmo para muitos colegas revolucionários, o movimento de guerrilha constituía um símbolo que mantinha acesa a chama da Revolução, manteria viva as esperanças do povo e iria debilitando a tirania, mas que, a longo prazo, a batalha seria decidida em uma grande insurreição geral que poria fim à tirania.[2]

E, sobre a função auxiliar, "secundária", das guerrilhas, Fidel afirma que, nos dias da tentativa de greve geral em abril de 1958, o Exército Rebelde "ainda era um número bastante pequeno de soldados rebeldes, que naquele momento não alcançava sequer 200 homens e que fizemos o máximo esforço com nossas reduzidas forças para apoiar o movimento revolucionário [...]".[3]

Raúl Castro também se expressa nos mesmos termos:

> Diante de um movimento de greve geral, pouco poderíamos fazer com nossas escassas forças de ordem bélica, exceto dar apoio moral a ela em uma determinada área. Em vista da situação, o fundamental seria que a greve e nossas Forças Armadas passariam a um plano secundário. Em um determinado momento, em que a situação da greve demandasse, pressionaríamos pelo norte, sul e leste, atuando em pequenas patrulhas quando fosse necessário abordar os subúrbios, fazer alguns disparos para que, além da pressão interna da greve, nosso apoio fosse sentido por meio de múltiplas investidas de fora para dentro; ao mesmo tempo que garantíamos qualquer oportunidade que surgisse nas emboscadas perto da cidade. Era a única coisa que podíamos aos 20 dias abertos da Segunda Frente.[4]

---

[2] Castro, Fidel. "Discurso pronunciado en el X Aniversario del 9 de Abril en Sagua la Grande". *Pensamiento Crítico,* [La Habana], n. 28, 1969, p. 135, destaques nossos.

[3] *Id., ibid.*, p. 134.

[4] Castro, Raúl. "Diario de Campaña". *In: La Sierra y el Llano.* [La Habana]: Casa de las Américas, 1961, p. 220-221.

Finalmente, há o que Faustino Pérez disse sobre o papel principal do *llano*:

> Pensávamos que *o peso fundamental naquele momento para a derrubada da tirania poderia estar nas forças gerais da cidade, na greve apoiada pela ação das milícias armadas*, porque o movimento revolucionário estava organizado em uma frente de ação que possuía destacamentos armados, mais ou menos armados, ou ainda, muito precariamente armados, mas que, no final das contas, possuíam algumas armas e outras que pensávamos procurar por meio de *ataques a arsenais e alguns centros militares* etc.[5]

Com base em todos os textos citados, de Frank País, Fidel Castro, Raúl Castro e Faustino Pérez, pode-se afirmar que, nesse período, não houve sequer o confronto entre duas concepções diferentes, mas apenas uma concepção dominante e que foi implementada no *llano*: a concepção insurrecional urbana, baseada na greve geral. Em tal situação, o *llano* predominava sobre a *"sierra"* e não é de estranhar que também sejam atribuídos à primeira o cumprimento de tarefas tão importantes, como o desenvolvimento do programa revolucionário, embora seja destacada a importância da supervisão e da opinião de Fidel.

Mas, além de todos esses aspectos que destacamos na carta de Frank País, chama a atenção sua afirmação de que o povo cubano não aspira apenas a uma mudança de regime, mas a "mudanças fundamentais na *estrutura* do país". Certamente, essa abordagem é muito geral e não indica em si um questionamento do sistema capitalista. A rigor, não se pode dizer que o pensamento de Frank País estivesse além do que foi expresso em *A história me absolverá*. Mas, de qualquer forma, mesmo uma concepção como a expressa nesse documento – ainda que não rompa programaticamente com o capitalismo –, ao definir a classe trabalhadora como a principal força motriz, está criando condições para elevar a luta de classes a um nível muito superior, a

---

[5] Pérez, Faustino ["Entrevista concedida en el seminario Latinoamericano de Periodistas. [La Habana], agosto de 1967". *Pensamiento Crítico*, [La Habana], n. 31, 1969], p. 90, destaques nossos.

partir do qual o resultado lógico será a adoção, como alternativa, de um novo sistema econômico-social, ou seja, o socialismo. É necessário se deter um pouco sobre a análise do conteúdo de classe que envolve uma estratégia revolucionária baseada na greve geral.

Greve geral: tática proletária

A greve geral, que consiste na paralisação total do sistema produtivo de um país, supõe colocar a classe trabalhadora em tensão por meio de uma ampla mobilização das massas, com uma grande disposição combativa no sentido de alcançar certos fins. Representa, portanto, um dos recursos mais poderosos à disposição da classe trabalhadora para impor sua vontade. Pode ser aplicado com múltiplos objetivos: alcançar reivindicações políticas, servir como aviso ou protesto, tentar derrubar um governo ou, finalmente, promover a ascensão ao poder da nova classe.

O tema da greve geral é antigo. No século passado, foi tratada de maneira equivocada pelos anarquistas, que entendiam que este era um recurso da classe trabalhadora para questionar todas as formas de poder. Contra a concepção anarquista, estiveram Marx e Engels na Primeira Internacional; Engels, em particular, criticou a abordagem do teórico anarquista Bakunin sobre a greve geral. No entanto, a prática da greve geral adquire maior importância pela primeira vez na Revolução Russa de 1905. Essa foi "a primeira experiência dessa forma de combate a ser realizada em larga escala [...], abrindo assim uma nova era na evolução do movimento operário".[6] É importante, então, revisar brevemente a experiência revolucionária russa.

Lenin, em um de seus vários textos sobre a revolução de 1905, faz um relato retrospectivo da história do movimento operário russo que precedeu esse período revolucionário. Tratou de mostrar

---

[6]   Luxemburgo, Rosa. "La huelga en massa". *In: Obras escogidas*. México: Capricornio, 1969, p. 3.

que 1905 foi o culminar de um longo processo, possibilitado pelo acúmulo de experiências de lutas por parte do proletariado, por meio de uma série de greves e manifestações realizadas nas décadas anteriores:

> Há quase 20 anos, em 1885, as primeiras grandes greves operárias ocorreram na zona industrial central, na fábrica de Morózov e em outras empresas. [...] 1891: os trabalhadores de Petersburgo participam da manifestação organizada por ocasião do funeral de Shelgunov; discursos políticos na festa do Primeiro de Maio, em Petersburgo. [...] 1896: greve de várias dezenas de milhares de operários, em Petersburgo. Movimento de massas e início da agitação nas ruas, com a participação de toda uma organização social-democrata [...] 1901: os trabalhadores auxiliam os estudantes, inicia-se um movimento de manifestações. O proletariado leva para a rua seu grito de 'Abaixo a autocracia!'. [...] 1902: a enorme greve de Rostov se converte em uma impressionante manifestação. O movimento político do proletariado não se apoia mais, como antes, no movimento de intelectuais, estudantes, mas surge diretamente da greve. [...] 1903: as greves voltam a se fundir com as manifestações políticas, mas em bases ainda mais amplas. As greves cobrem uma região inteira, arrastando mais de 100 mil trabalhadores, e em várias cidades são realizadas repetidamente, durante as greves, assembleias políticas de massa. [...] 1905: o movimento proletário se elevou a um de seus níveis mais altos. A greve geral mobilizou toda a Rússia, seguramente não menos que um milhão de trabalhadores. As demandas políticas da social-democracia se ampliaram para alcançar as camadas da classe trabalhadora que ainda confiavam no tsar. [...] As greves e manifestações começaram a se transformar diante de nossos olhos em uma insurreição.[7]

Lenin menciona a Resolução do III Congresso do Partido Operário Social-Democrata da Rússia, no qual se destaca "o papel das

---

[7] Lenin, V. I. "Las primeras enseñanzas". *In: Obras completas*. Tomo VIII [Madrid: Akal Editor: 1976], p. 137 e seguintes. [No original da autora, nesta nota e nas três seguintes, consta a edição das obras completas de Lenin da Editorial Cartago, de Buenos Aires. Porém, a página indicada e a biblioteca da autora que se encontra junto ao Memorial-Arquivo Vânia Bambirra remetem para a edição da Akal, de Madrid. Feito o cotejamento, mantivemos a indicação que julgamos correta. (N.S.T)]

A GREVE GERAL

greves políticas de massa que podem ter uma grande importância no início e na própria marcha da insurreição".[8] Também mostra como:

> a revolução se estende. O governo começa a se inquietar. Passa da política de represálias sangrentas para as concessões econômicas, tentando dar cabo do problema com uma esmola ou com a promessa da jornada de 9 horas. Mas a lição do Domingo Sangrento não pode ser esquecida. A reivindicação dos trabalhadores insurgentes de Petersburgo – que a Assembleia Constituinte seja convocada sem demora, com base no sufrágio universal, igual, direto e secreto – se converterá, necessariamente, na reivindicação de todos os trabalhadores grevistas. Derrubada imediata do governo: essa é a palavra de ordem [...]. Armar o povo se converte em uma das tarefas mais urgentes do momento revolucionário.

E acrescentava: "Seja qual for o resultado da atual insurreição de Petersburgo, em qualquer caso, ela inevitável e inexoravelmente se tornará o primeiro estágio de outra insurreição mais ampla, mais consciente e melhor organizada".[9] Depois de observar que "o movimento operário na Rússia como um todo *levou dez anos para elevar-se até o atual grau* (*que, a propósito, está longe de ser o definitivo*)", constatava: "Agora o movimento em várias áreas do país *aumentou em poucos dias da simples greve para uma gigantesca explosão revolucionária*".[10]

E observava:

> Aparece em cena o estudantado radical, que também aprovou recentemente uma resolução idêntica à de São Petersburgo. [...] aparece nas ruas a luta do proletariado e das camadas avançadas da democracia revolucionária contra o exército e a polícia tsarista [...]. Reuniões revolucionárias foram improvisadas. A imprensa cujo pessoal não endossou a greve foi destroçada. O povo assaltou

---

8   *Id.*, "Dos Tácticas de la Socialdemocracia en la Revolución Democrática". *In: Obras completas.* [Madrid: Akal Editor, 1976, Tomo IX], p. 68.

9   *Id.*, "El Comienzo de la Revolución en Rusia". *In: Obras completas.* [Madrid: Akal Editor, 1976, Tomo VIII], p. 93-94.

10   *Id.*, "La Huelga Política y la Lucha Callejera en Moscú". *In: Obras completas.* [Madrid: Akal Editor, 1976, Tomo IX], p. 351, destaques nossos.

as padarias e os arsenais [...] Se lutava em todas as ruas principais [...] A guerra civil adquiriu a forma de uma guerra de guerrilhas que está sendo travada em todas as partes e com o mais obstinado tesão. [...] Nenhum Estado pode resistir a tal investida por um longo tempo.

Para Lenin:

> pela primeira vez, vimos um movimento que surpreendeu o mundo pela unanimidade e coesão das grandes massas trabalhadoras em luta por reivindicações políticas. Mas esse movimento ainda carecia de um alto grau de consciência no sentido revolucionário e era impotente em termos de armamento e preparação militar.

Trata de extrair do movimento todos os ensinamentos. Por exemplo, destaca que:

> a Polônia e o Cáucaso ofereceram o modelo de uma luta já mais elevada, na qual o proletariado começou (em parte) a atuar armado e a guerra adquiriu um caráter prolongado. A insurreição de Odessa se destacou pelo surgimento de um novo e importante fator de êxito: a passagem de uma parte das tropas para o lado do povo.

Ele também aponta como um fato importante o papel de vanguarda que os estudantes assumiram: "Os estudantes radicais, que em Petersburgo e Moscou aceitaram as palavras de ordem da social-democracia revolucionária, constituem a vanguarda de todas as forças democráticas [...]". E enfatiza que "a união do proletariado com a democracia revolucionária vem sendo uma realidade [...]".

A Revolução Russa de 1905 era democrático-burguesa. No entanto, Lenin demonstrou que essa revolução só poderia ser consumada tendo como força motriz fundamental o proletariado em aliança com o campesinato. Em 1905, uma tática tipicamente proletária foi usada para alcançar objetivos democráticos-burgueses. Não é de surpreender, portanto, que no processo revolucionário cubano da década de 1950, se pretendia aplicar a mesma tática proletária para cumprir tarefas que, salvo sua especificidade, se encontravam no marco democrático-burguês.

A concepção de uma greve geral gestada pelo M-26-7 foi baseada em toda uma experiência histórica proletária mundial, latino-americana e cubana. Além da experiência russa, se sabe que, por exemplo, as tentativas revolucionárias na Alemanha em 1919, 1921 e 1923, inspiradas em grande parte pelos bolcheviques, contemplavam a condução de greves gerais. Em 1945, uma greve geral também foi feita no norte da Itália, sob a ocupação nazista. Grandes greves gerais em vários países foram realizadas na América Latina, com inspiração anarquista. Em Cuba, como já mencionado antes, em 1933, o ditador Machado foi derrubado por uma greve geral. Em El Salvador, também uma greve geral derruba a ditadura em 1944. E, novamente em Cuba, em meados da década de 1950, houve a grande greve da cana-de-açúcar que, embora não representasse uma ameaça à ditadura, mais uma vez colocou a questão da greve de massas na ordem do dia.

O papel da classe operária e a capacidade de luta do movimento popular na América Latina e em Cuba eram muito nítidos na mente dos dirigentes do M-26-7. Se fazia presente, entre outros, o exemplo da Revolução Boliviana, onde a classe operária e o campesinato foram o fator decisivo do triunfo. Fidel afirma em 1953 que:

> nenhuma arma, nenhuma força é capaz de derrotar um povo que decide lutar por seus direitos. Os exemplos históricos passados e presentes são incontáveis. *É bem recente o caso da Bolívia, onde os mineiros com cartuchos de dinamite derrotaram e esmagaram os regimentos do exército regular.*[11]

E insiste em dizer: "Felizmente, os cubanos não precisam procurar exemplos em outro país, porque nenhum é tão eloquente e bonito quanto o de nossa própria pátria".[12] Pois bem, como já foi destacado anteriormente, sabemos qual era a concepção que o M-26-7 tinha da greve geral em 1957, sobretudo por meio das citações da carta de Frank País a Fidel.

---

[11] Castro, Fidel. "La historia me absolverá". Várias edições. Destaques nossos.
[12] *Id., ibid.*

Essa mesma concepção é a que guiará a tentativa da greve geral que fracassou em abril de 1958. Primeiro, tentaremos expor em que consiste essa tentativa pelas palavras de um membro da Direção Nacional do 26 de Julho e um dos principais responsáveis pela greve, Faustino Pérez, para, então, discutir as razões de seu fracasso.

A greve de abril

Foi assim que Faustino Pérez analisou a tentativa frustrada da greve geral:

> Ocorre o assassinato de Frank País, em Santiago de Cuba, no dia 30 de julho de 1957, o que produz uma greve espontânea que vai se estendendo praticamente até os portões de Havana; aqui, vendo o que estava por vir, quase imposto pelas próprias circunstâncias, sem preparação, porque não tínhamos o dispositivo que realmente pudesse colocá-lo em prática, que pudesse direcioná-lo para todas as partes, mas sem preparação, praticamente, convocamos a greve em 5 de agosto [...] que se estendeu, principalmente, às cidades de Oriente, Guantánamo, Manzanillo, Bayamo etc., chegando até as portas da capital. Então pensamos, a partir daquele momento, que havia condições no povo, condições nos trabalhadores para a greve. Mas precisávamos desenvolver a organização do Movimento 26 de Julho e nos entregamos a essa tarefa, desenvolvendo ações, ações que sabíamos que contribuíam para esse estado de consciência e para esse estado de opinião e, até fevereiro de 1958, mesmo após o sequestro de Fangio, em que outras ações revolucionárias clandestinas haviam sido desenvolvidas nas cidades, a noite das 100 bombas e o problema da explosão de tanques na refinaria ocorreu em dezembro de 1957; a execução de alguns delatores; todas essas coisas estavam acontecendo e elevando a maré; em contrapartida, os assassinatos que a tirania realizava, que fazia aparecer mortos em toda parte. Isso foi criando uma situação em que possivelmente sofremos com uma miragem, acreditávamos que as condições estavam maduras para convocar a greve e então nos deslocamos até a Sierra Maestra para discutir esse problema.[13]

---

[13] Pérez, Faustino. "Entrevista concedida en el seminario Latinoamericano de Periodistas. [La Habana], agosto de 1967". *Pensamiento Crítico,* [La Habana], n. 31, [1969], p. 73-74, destaques nossos.

É necessário chamar atenção para uma questão fundamental que se destaca na citação de Faustino Pérez. Nela, se insiste na falta de preparação do Movimento para liderar a greve que surge em função do assassinato de Frank País. Em seguida, trata de destacar vários tipos de ações (sabotagem, execuções etc.) que foram criando, segundo Faustino, um clima que o Movimento considerou propício para convocar a greve. No entanto, não há menção de um tipo de ação que seria essencial para a preparação da greve: o trabalho junto à classe trabalhadora, trabalho que Frank País considerava essencial executar. De agosto de 1957 a abril de 1958, o período transcorrido é muito curto para desenvolver um trabalho com a classe trabalhadora, para preparar uma greve geral. É verdade que Frank País também cumpria prazos curtos, mas, de qualquer forma, a ênfase que ele coloca no trabalho com a classe trabalhadora não aparece no relato de Faustino Pérez. Seguindo sua narrativa, ele afirma:

> Os companheiros da Sierra não tinham a visão direta das condições, *éramos nós que dávamos essa visão por meio do que acreditávamos e, então, os companheiros, o companheiro Fidel, concordaram em convocar a greve se baseando em nossas informações, que era o que eles tinham.* Então se produziu uma chamada, um manifesto convocando a greve.[14]

Esse relato fornece mais elementos no sentido de corroborar a tese da predominância do *llano* sobre a *sierra*, durante o período que se estende até a tentativa frustrada da greve geral. Mas também é necessário insistir no fato de que, se os combatentes da *sierra* "concordavam" com a proposta do *llano* de convocar a greve, não era propriamente porque estavam em situação de subordinação à direção urbana, ou simplesmente porque pensavam ser uma boa oportunidade para tentar derrubar a tirania de forma rápida, mas porque havia um acordo mais profundo em torno do uso de uma estratégia insurrecional que, como demonstrado anteriormente, o M-26-7 estava tentando praticar desde o ataque ao Moncada. Naturalmente,

---

[14] *Id.*, *ibid.*, p. 73-74, destaques nossos.

também havia opiniões opostas por parte daqueles que eram mais céticos sobre um possível triunfo da greve. Foi o caso, por exemplo, de Che Guevara, quando comenta que "a justiça de nossas dúvidas foi corroborada quando pensamos na possibilidade de um fracasso das forças do Movimento na tentativa da greve geral revolucionária". Parece, no entanto, que as dúvidas de Che se originavam mais na maneira como a greve estava sendo preparada do que no questionamento da concepção estratégica como tal, pois acrescentava que considerava a possibilidade de fracasso "se fosse levada na forma em que foi esboçada em uma reunião anterior ao 9 de abril".[15]

O manifesto do Movimento 26 de Julho ao Povo,[16] assinado por Fidel Castro e Faustino Pérez, foi um chamado à "guerra total contra a tirania". Nele, considerou-se que havia uma "fissura visível na ditadura" e que "a participação beligerante de *todos os setores sociais*, políticos, culturais e religiosos" tinha "entrado em sua etapa final". Afirma-se que "a estratégia do golpe decisivo se baseava na Greve Geral Revolucionária seguida pela Ação Armada". A possibilidade de uma Junta Militar tentar assumir o poder é rejeitada e se chama à formação de um governo provisório presidido pelo dr. Urrutia, que cumpriria o programa mínimo expresso no *Manifesto da Sierra Maestra* e na *Carta à Junta de Libertação*. Afirma-se que "a organização e direção da greve no setor operário estará a cargo da *Frente Obrera Nacional* [Frente Operária Nacional], que por sua vez assumirá a representação do proletariado perante o Governo Revolucionário Provisório". O Movimento de Resistência Cívica é designado para a organização da greve entre os setores profissionais, comerciais, industriais e a Frente Estudantil Nacional [Frente Nacional de Estudantes] para organizar a greve estudantil. "A ação armada" é de responsabilidade das Forças Rebeldes, dos destacamentos armados do M-26-7 e de todas as orga-

---

[15] Guevara, Che. "Una reunión decisiva". *Pensamiento Crítico*, [La Habana], n. 31, p. 61, 1969.

[16] [El Manifiesto del Movimiento 26 de Julio al Pueblo.] *Pensamiento Crítico*, [La Habana], n. 28, [1969], p. 122 e seguintes.

nizações que apoiam a insurreição. Uma série de jornais clandestinos também é designada para orientar e informar o povo e uma série de outros setores profissionais são instados a apoiar o movimento. Por fim, uma série de ordens militares é fixada, por exemplo, a proibição do tráfego rodoviário ou ferroviário; a proibição do pagamento de impostos ao Estado; a proibição de permanecer em cargos de confiança do governo, a proibição de prestação de serviços militares para a ditadura etc.

No dia 9 de abril, a greve é convocada e é realizada de forma muito parcial e dispersa. Resultado: o movimento sofre um duro fracasso. O fracasso da greve de abril

> *significou um dos momentos mais duros da Revolução Cubana* [...] A revolução teve muitos dias tristes, a revolução fracassou no ataque ao Moncada, a revolução fracassou no ataque a Goicuría, a revolução teve o fracasso da insurreição de Cienfuegos, do desembarque do Coríntia, do ataque ao Palácio Presidencial, da dispersão dos expedicionários do Granma e da greve frustrada de 9 de abril [...] *Mas aquela derrota de 9 de abril foi a mais difícil, porque o povo nunca havia alimentado tanta esperança quanto naquele dia. Nunca tivemos tantas ilusões quanto naquela ocasião. Pode-se dizer que foi o golpe mais duro que a revolução sofreu ao longo de seu trajeto.*[17]

Essas palavras de Fidel Castro são muito significativas, porque além de revelar o quão profunda era a confiança na estratégia insurrecional, também confirmava que essa era uma concepção não apenas do *llano*, mas do movimento como um todo.

Por que a greve fracassou?

Faustino Pérez aponta uma série de razões para explicar o fracasso da greve. Primeiro, indica a perda de um carregamento de armas e o atraso de outros; depois, uma queda no "clímax" que propiciava a realização da greve devido ao seu atraso e ao efeito psicológico da Semana Santa; também destaca a "maneira pela qual a chamada para a interrupção do trabalho foi feita". Segundo ele,

---

[17] Castro, Fidel. "Discurso en el 9 de abril de 1959". *Pensamiento Crítico*, [La Habana], n. 28, 1969, p. 129, destaques nossos.

"prevaleceu a tese, e a aceitamos, de fazer um chamado surpresa às 11 horas da manhã de 9 de abril. Tomamos as estações de rádio e fizemos uma chamada fugaz para a greve sem aviso prévio, para que a greve começasse naquele momento. Mas os cidadãos não estavam cientes desses problemas. Fizemos o chamado, inclusive, em uma hora que todo mundo está no trabalho e não está ouvindo rádio". Além disso, afirma Faustino, "o regime tentou várias medidas para confundir. Jogara panfletos nas ruas convocando uma greve, como se fosse chamada por nós, para fazê-la abortar [...]". E prossegue contando como até as ações de apoio foram frustradas, como, por exemplo, o bloqueio por meio dos gargalos da velha Havana, o qual criaria as condições para assaltar o Arsenal etc. Por fim, destaca como fator dessa derrota um critério "equivocado em relação ao problema da unidade de todos os fatores [...] *não havia convicção ou entusiasmo em integrar à ação outras organizações que poderiam contribuir, pois acreditávamos que elas não seriam um fator de importância*".[18]

É importante perceber que as causas fundamentais do fracasso, destacadas por Faustino Pérez, são de caráter técnico-operacional. O único fator relevante mencionado de natureza mais política é o sectarismo em termos de trabalho conjunto com outras organizações.

Essa falta de convicção e entusiasmo em relação ao trabalho de linha de frente com outros grupos se distingue da atitude mais unitária que Frank País demonstrara. Havia sectarismo na atuação da direção do *llano* ao desprezar o trabalho conjunto com outras forças, especialmente com o PSP, que sem dúvida tinha maior enraizamento e maior experiência de luta ao lado do proletariado. A esse respeito, Blas Roca aponta que "em abril de 1958 a greve geral, com o apoio da luta armada desenvolvida na *sierra*, poderia ter levado à derrubada da tirania não fosse pela sabotagem da frente unida e

---

[18] Pérez, Faustino ["Entrevista concedida en el seminario Latinoamericano de Periodistas. [La Habana], agosto de 1967". *Pensamiento Crítico*, [La Habana], n. 31, 1969, p. 74-76].

pelos falsos métodos que usaram alguns elementos".[19] Mas, de todo modo, em que pese toda a relevância do fator sectarismo para explicar o fracasso da greve, é necessário tentar encontrar na dinâmica da luta de classes em Cuba razões mais profundas que, em definitivo, serão capazes de completar a explicação dessa derrota.

Entre os autores marxistas, Rosa Luxemburgo foi quem mais analisou profundamente a questão das greves de massa e afirma que "se há algo que a Revolução Russa nos ensina é, antes de tudo, que a greve em massa não é 'feita' artificialmente, nem 'acordada' ou 'propagada' nas nuvens, mas é um fenômeno histórico que ocorre em um determinado momento devido a uma necessidade histórica decorrente das condições sociais". Segundo Rosa, "a greve de massa, como mostra a Revolução Russa, não é um meio engenhoso inventado para dar maior força à luta proletária: é a forma de movimento da massa proletária, a forma de manifestação da luta proletária na revolução". A partir daí, a autora deduz que "é absolutamente contrário aos fatos imaginar a greve em massa como um ato, uma ação particular. É, ao contrário, o caráter, *o resumo de todo um período de luta de classes que inclui anos, talvez dezenas de anos*". Estudando a história das greves e o processo revolucionário russo, Rosa conclui que "os eventos da Rússia nos mostram a greve de massa como inseparável da Revolução. A história da greve de massa na Rússia é a história da Revolução Russa". Partindo desse raciocínio, ela afirma que, "*na realidade, não é a greve de massas que produz a Revolução, é a Revolução que produz a greve de massa*". E, assim, o desenvolvimento de sua análise dialética chega a outra conclusão que é de grande importância ter em mente como um marco teórico que fornece elementos para entender o fenômeno cubano em particular. Se trata da

---

[19] Roca, Blas. La VIII Asamblea Nacional del Partido Socialista Popular de Cuba, sep. 1960.

questão da liderança consciente e a iniciativa na greve de massa. *Se esta não tem o significado de um ato isolado, mas de todo um período de luta de classes, e se esse período é idêntico a um período revolucionário, é evidente que a greve de massa não pode ser provocada de um modo completo, mesmo que a decisão tenha sido da mais alta autoridade do partido socialista mais forte. Uma vez que o* socialismo não está em posição de fazer ou não fazer como queira as revoluções, a maior impaciência, o maior entusiasmo das tropas socialistas não serão suficientes para criar um verdadeiro período de greve geral como um movimento popular poderoso e vivo.[20]

Embora seja verdade que Rosa Luxemburgo, em geral, não destaque o papel do partido revolucionário, o que pode favorecer uma interpretação espontaneísta da greve de massa, a rigor sua abordagem é de que "a greve de massas não pode ser provocada de modo completo"; isto é, que um processo revolucionário supõe a existência de condições histórico-sociais para a sua realização. Portanto, sua concepção deve ser interpretada como antivoluntarista, quer dizer, não espontaneísta. Rosa apenas questiona a capacidade do partido de provocar uma greve geral quando as condições objetivas que permitem que isso ocorra não são dadas. Nesse sentido, o texto de Rosa não pode ser usado para questionar a importância do partido revolucionário e sua capacidade de liderar efetivamente um processo revolucionário e uma greve geral específica.

Feitas essas considerações, pode-se partir da análise teórica de Rosa Luxemburgo para entender e explicar por que a tentativa de greve geral falhou em abril de 1958 e por que foi realizada com sucesso em janeiro de 1959. Mas, para que isso seja possível, é importante destacar as principais características da evolução histórica do movimento operário cubano, a fim de evidenciar, na experiência acumulada durante décadas de luta de classes, os elementos que condicionaram a participação dos trabalhadores na revolução.

---

[20] Luxemburgo, Rosa. "La huelga en massa". [*In: Obras escogidas*. México: Capricornio, 1969], p. 8 e seguintes, destaques nossos.

キューバ革命の再解釈

バニア・バンビーラ 著／神代 修訳

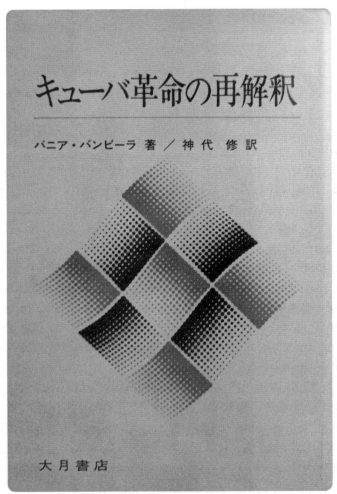

大月書店

Acervo do Memorial-Arquivo Vânia Bambirra

O MOVIMENTO OPERÁRIO CUBANO

Os primeiros passos

A classe trabalhadora começa a se desenvolver em Cuba na segunda metade do século XIX. Este é um momento em que se produzem mudanças importantes nas estruturas econômico-sociais dos países dependentes. Essas mudanças ocorrem como consequência do grande desenvolvimento das forças produtivas nas metrópoles capitalistas resultantes da Revolução Industrial, que exigem um reajuste da estrutura econômica dos países dependentes em função das necessidades de expansão do capitalismo mundial. Esse processo ocorre em quase todos os países latino-americanos e adquire dimensões mais profundas em alguns países como México, Argentina, Brasil e outros.[1]

Em Cuba, a partir dos anos sessenta do século XIX, começa a ocorrer uma série de transformações no aparato produtivo, relacionadas aos novos níveis tecnológicos e à demanda mundial de seus principais produtos de exportação. Essas transformações são, no entanto, mais intensas em alguns setores do que em outros. Dentro desse marco geral, como coloca Inaudis Kindelán Reyes:

---

[1] Uma análise tipológica das estruturas dependentes pode ser encontrada em nosso *Capitalismo dependiente latinoamericano*, já citado.

as duas indústrias fundamentais tomavam caminhos de desenvolvimento distintos. Enquanto a indústria açucareira se expandia por quase todo o país e seus representantes a impulsionavam com base em uma técnica de algum desenvolvimento, a indústria do tabaco estava praticamente concentrada na região oeste e não passou por reformas do mesmo caráter que permitissem aumentar a produção no grau e no nível da primeira. É necessário apontar apenas uma única exceção na indústria do tabaco: o ramo de charutos que, precisamente por introduzir elementos técnicos mais avançados, alcançou rapidamente um desenvolvimento incomum no país.

[...]

Essa característica que diferencia as duas indústrias também marcou o rumo distinto em termos de formação e espírito de classe dos respectivos trabalhadores. Enquanto a indústria açucareira continuou a usar trabalho escravo, a tabagista se organizou e se desenvolveu neste período com trabalhadores livres em sua maioria.

[...]

A demanda pelo tabaco de Havana no exterior crescia vertiginosamente, por isso foi necessário instalar grandes oficinas para a sua manufatura, em muitas das quais mais de 300 trabalhadores eram agrupados. Essa concentração de trabalhadores contribuiu efetivamente para a formação de um espírito de classe entre eles [...]. Não surpreende, então, que os *tabaqueros* tenham um papel tão importante no período histórico que vai de 1865 a 1898 e que abranja as duas guerras pela independência, quando a classe operária ainda dava seus primeiros passos. Os trabalhadores do tabaco são os precursores do movimento operário organizado, os pioneiros nas lutas pelas demandas políticas e econômicas dos trabalhadores e fundadores da imprensa operária cubana.[2]

O mesmo autor destaca a participação dos trabalhadores na luta pela independência, seja nas fileiras do exército Mambi, seja no Partido Revolucionário Cubano, fundado por José Martí. Já em 1885, foi criado o círculo dos Trabalhadores de Havana, organizado por Enrique Roig e San Martín com uma "orientação inclinada ao

---

[2] Reyes, Inaudis Kindelán. "Centenario de dos acontecimientos importantes en el movimiento obrero cubano". *Cuba Socialista,* [La Habana], n. 52, p. 63-64.

marxismo".[3] Em 1886, a Asociación de Tabaqueros de La Habana [Associação de Tabaqueiros de Havana] foi fundada. Nesse momento, a ideologia dominante na classe trabalhadora é o anarquismo, mas alguns rudimentos do marxismo começam a se espalhar, especialmente por meio dos escritos de Carlos Baliño.[4] Em 1892, é realizado um Congresso Nacional, "onde importantes acordos foram feitos para a classe trabalhadora, como o de lutar pela jornada de 8 horas. Ali se fundiu a necessidade de abraçar o socialismo e lutar pela causa emancipatória".[5] Em 1899, foi criada a Liga General de Trabajadores Cubanos [Liga Geral dos Trabalhadores Cubanos], com o objetivo de organizar a luta pelas demandas da classe. Em seu jornal, a Liga afirmava: não "dispomos dos meios materiais necessários para ir à luta armada [...] *precisamos apelar à greve até que ela rompa com esse estado de coisas que degrada e avilta...*" (Semanário Alerta, 5 de outubro de 1902).[6]

Diversas greves são promovidas por melhores condições de trabalho e pela jornada de 8 horas. Em setembro de 1899, a primeira greve geral promovida pelos trabalhadores da construção ocorreu em Cuba. Em novembro de 1902, a greve geral é convocada novamente. "Por parte das autoridades, foi desencadeada uma repressão feroz contra os grevistas. Muitos foram mortos e feridos nesta jornada; o movimento ia se debilitando".[7] A primeira tentativa de criar um partido socialista em Cuba também data do final do século XIX.

---

[3] *Id., ibid.*, p. 73.

[4] "Não sabemos, exatamente, quando o marxismo chegou a Cuba, nem como chegou. O que sabemos é que começou a propagar-se visivelmente nas últimas décadas do século passado [XIX] e que teve, entre seus propulsores, Enrique Roig de San Martín e Carlos Baliño". Roca, Blas. "Para recordar el cuarenta y cinco Aniversario". *Verde Olivo*, [La Habana], n. 33, p. 16.

[5] Ayon, Maria de los A. "La Liga General de Trabajadores Cubanos". *Bohemia*, [La Habana], n. 41, oct. 1972, p. 95.

[6] *Id., ibid.*, p. 95, destaques nossos.

[7] *Id., ibid.*, [p. 95].

Em busca do partido

Em 1899, logo após o término da Guerra de Independência, foi elaborado o *Manifesto ao Povo de Cuba*, no qual foi anunciada a criação do Partido Socialista Cubano, sob a direção de Diego Vicente Tejera. Esse partido nem mesmo é orientado pelo socialismo científico, mas é muito influenciado pelas ideias liberais de Martí. Isso é claramente observado em trechos como: "Não queremos, não iniciaremos a guerra de classes, convencidos de que a violência não concede vitórias tão completas e duradouras quanto as da razão e do amor. É preciso acrescentar que, em prol da democracia e liberdade, não esperamos receber provocações insensatas".[8]

No entanto, o *Manifesto* também representa um avanço em relação ao pensamento martiano, uma vez que exerce uma influência difusa, mas significativa, das ideias socialistas. Por exemplo, nesta passagem: "Devemos trazer à vista do legislador a imagem das relações monstruosas entre capital e trabalho, para que a Lei, que deve ser em nossa pátria regenerada uma expressão da justiça, tire do pescoço do infeliz proletário a mão de ferro do explorador que o sufoca".[9]

O Partido Socialista Cubano (PSC) teve uma curta duração e seus membros ingressaram no Partido Nacional Cubano, que mais tarde se tornará o Partido Liberal. Em 1900, Tejera tenta criar o Partido Popular, mas essa tentativa é frustrada. A próxima tentativa de formar um partido socialista ocorre em 1904, com a criação do Comitê Organizador do Partido Obrero Socialista de la Isla de Cuba [Partido Operário Socialista da Ilha de Cuba], promovido por Carlos Baliño.

---

[8] [Partido Socialista Cubano]. "Manifiesto al pueblo de Cuba [1899]". *Bohemia*, [La Habana], n. 35, [oct.] 1972, p. 97.

[9] *Id., ibid.*, p. 97

Seu programa era "sério, revolucionário, mas não exagerado: continha exigências mínimas, mesmo quando algumas fossem evidentemente inatingíveis a longo prazo".[10] Nele, se levantavam demandas como "a supressão dos exércitos permanentes e a criação de destacamentos armados populares".[11] O partido preconizava "a posse, pela classe proletária, do poder político. À conversão de propriedades individuais ou corporativas em propriedades coletivas, ou comuns".[12]

Em 1906, se constitui o Partido Socialista de Cuba, que dura "incomparavelmente mais do que o faiscante Partido Socialista Cubano de Tejera. Muito embora o marxismo voltasse a morrer organicamente, apesar de sua maior maturidade agora, maturidade da qual Baliño foi o maior expoente".[13]

Por que essa nova tentativa de criar um partido operário em Cuba não se cristalizou? Como coloca Sergio Aguirre, "não faltavam razões". Apesar dos esforços de Paul Lafargue[14] e de outros marxistas, o proletariado da península permaneceu fortemente influenciado pelo anarquismo e pelo anarcossindicalismo na última porção do século XIX e primeira do século XX.[15] Portanto, não poderia haver "convergência do movimento operário com orientação socialista em nenhuma das importantes greves que surgiram em 1907".[16]

O movimento operário cubano, que se manifesta em várias greves, segue, por um longo período, sob orientação anarquista, seja na greve ferroviária de 1907, seja na dos tabaqueiros em 1908, ou do sistema de esgoto, em 1911 e nos anos seguintes, caracterizados

---

[10] Aguirre, Sergio. "Algunas luchas sociales en Cuba republicana". *Cuba Socialista*, [La Habana], n. 49, p. 90.

[11] *Id., ibid.*, p. 90.

[12] *Id., ibid.*, p. 90.

[13] *Id., ibid.*, p. 92.

[14] Paul Lafargue, cubano, contraiu matrimônio com uma das filhas de K. Marx [Laura] e teve uma importante atuação na Segunda Internacional.

[15] Aguirre, Sergio. *Op. cit.*, p. 80.

[16] *Id., ibid.,* p. 92.

por uma série de lutas operárias que se intensificam em 1915, diminuem em 1916 e voltam a se intensificar em 1910, com a greve dos estivadores que "assumiu contornos de uma greve geral";[17] e, nesse mesmo ano, ocorre uma grande greve açucareira. Essas últimas greves ocorrem, apesar da "bonança econômica" dos anos da Primeira Guerra, devido ao aumento dos preços do açúcar que, no entanto, não favoreceu os trabalhadores.

Greves gerais também ocorrem no final de 1918 e 1919.[18] Em 1920, é realizado um Congresso operário onde aparecem os embriões do que seria a Federação Operária de Havana (FOH), que servirá de base, em 1925, para a futura Confederação Nacional Operária de Cuba [Confederación Nacional Obrera de Cuba (CFOC)]. Esta foi criada alguns meses após as grandes greves das usinas açucareiras e ferrovias em 1924.

A formação do Partido Comunista

Em agosto de 1925, o Partido Comunista foi fundado com base na fusão de várias pequenas organizações comunistas. Destacam-se as participações de Carlos Baliño e Julio Antonio Mella.

Blas Roca, falando das circunstâncias em que o Partido Comunista foi criado, destaca:

> a organização que os trabalhadores e outros setores da população já haviam alcançado, como os camponeses, os estudantes etc., o espírito de luta que se mantinha e que tendia a crescer; a consciência anti-imperialista que, ainda embrionária, começava a se espalhar; a influência exercida pela Revolução Socialista de Outubro, as ideias leninistas [...].

Sobre estas últimas, afirma que:

> começaram a influenciar Cuba, ostensivamente, com as primeiras notícias da marcha vitoriosa da grande Revolução Socialista de Outubro [...]. Em 1925, a classe trabalhadora cubana havia cres-

---

17 *Id., ibid.*, p. 111.
18 Tellería T., Evelio. "Alfredo López". *Bohemia*, [La Habana], n. 43, [oct]. 1972.

cido em número e em consciência. As ferrovias já atravessavam a ilha de ponta a ponta. Os antigos engenhos haviam convertido em usinas, quase todos com ferrovias próprias. Na safra daquele ano, 183 delas estavam ativas. Várias fábricas e oficinas reuniam milhares de trabalhadores.[19]

Em 1925, assume o governo Gerardo Machado, que prometeu que "sob meu governo, não haverá greve em Cuba que dure 24 horas". Machado trata de cumprir sua palavra, desencadeando uma repressão violenta contra o movimento operário. "O assassinato de Alfredo López, a figura central do movimento sindical, e o terror desencadeado em 1926 indicaram a desordem dos elementos anarquistas e anarcossindicalistas, que foram incapazes de organizar as forças do proletariado para resistir à pressão do terror e da ilegalidade".[20] O descenso do movimento dura até o final dos anos 1920.

Em 1930, o governo coloca a CNOC na ilegalidade e o Partido Comunista chama uma greve geral. Em 20 de março,

> mais de 200 mil trabalhadores e empregados entram em greve por 24 horas, paralisando completamente a produção, o comércio e o transporte urbano em Havana, Manzanillo e outros centros importantes da ilha [...]. Depois dessa greve geral, o Partido e a CNOC extrapolaram os marcos estreitos de Havana e outras cidades e se lançaram ao campo para alçar a luta dos trabalhadores das usinas, dos canaviais e dos camponeses.[21]

Essa luta, junto ao combativo 1º de Maio, "mudou o panorama de luta contra Machado".[22] Tudo isso ocorre no contexto da crise

---

[19] Roca, Blas, [La VIII Asamblea Nacional del Partido Socialista Popular de Cuba. [La Habana]: 1960] p. 15 e seguintes.

[20] CNOC. IV Congreso Nacional Obrero de Unidad Sindical, enero de 1934, citado em Tellería T., Evelio. ["Alfredo López". *Bohemia*, [La Habana], n. 43, 1972.]

[21] Grobart, Fabio. "El movimiento obrero cubano de 1925 a 1933". *Cuba Socialista*, [La Habana], n. 60, p. 106.

[22] *Id., ibid.*, p. 106.

econômica global do capitalismo, cujas consequências são catastróficas em Cuba.[23]

A resistência operária mantém sua linha ascendente nos anos subsequentes. "Os anos 1930, 1931, 1932 e 1933 se distinguem pela ação e organização crescentes dos trabalhadores. Durante esse período, greves em todas as indústrias se multiplicaram contra as demissões e pelo aumento dos salários".[24] Para isso, contribuiu toda uma longa experiência de luta adquirida pela classe trabalhadora durante décadas, mas, sobretudo, o nível de organização e de consciência política alcançados nos anos de enfrentamento à ditadura. Foram esses fatores que permitiram à classe trabalhadora aproveitar a profunda crise econômica em que o país estava submerso para impor uma saída insurrecional e um processo de democratização.

Além disso, é importante destacar outro fator que influencia de maneira importante o processo insurrecional: a posição do Partido Comunista em Cuba que, durante esse período, de acordo com a orientação da Terceira Internacional, adotou a linha do "Terceiro Período".

---

[23] "Uma safra com mais de 5 milhões de toneladas em 1929 reduz-se a menos de 2 milhões em 1933. O preço da libra, já muito baixo em 1929, quando era 17,2 centavos, baixa para 0,72 em 1932 e, mais tarde, a 0,57 centavos. De um valor total de 199 milhões de pesos da safra de 1929, cai para 42 milhões em 1932. A safra, que durava no mínimo 120 dias, é reduzida a somente 66 dias em 1933. [...]. O valor da exportação do tabaco decresce de 41 milhões de pesos, em 1927, a apenas 13 milhões em 1933. Uma grande quantidade de fábricas e oficinas da indústria leve é fechada. O valor das exportações aos Estados Unidos cai de 261 milhões de pesos, em 1925, a apenas 58 milhões de pesos em 1933. E o valor de nossas importações dos EUA cai de 198 milhões de pesos, em 1925, a apenas 25 milhões em 1933. [...] De um total de 4 milhões de habitantes que tinha Cuba nesta época, havia então 250 mil chefes de família permanentemente desocupados, o que representava quase um milhão de pessoas vivendo na mais espantosa miséria [...] Os valores das diárias de trabalho neste tempo eram consideravelmente mais baixos que os de 1909-1910" (Grobart, Fabio. *Op. cit.*, p. 107-108).

[24] Grobart, Fabio. *Op. cit.*, p. 112.

A estratégia insurrecional do Partido Comunista

A linha do "Terceiro Período" caracterizava-se por considerar que se vivia a fase de liquidação do capitalismo e do imperialismo e que o movimento revolucionário deveria se lançar na ofensiva pela tomada do poder. A aplicação dessa linha em países dependentes, como nos latino-americanos e, em particular, em Cuba, tomou a forma da revolução agrária e anti-imperialista e da luta contra o "social fascismo", isto é, entendida como uma luta contra os social-democratas e populistas.

Tratava-se de uma concepção de corte muito radical para o período e de extrema-esquerda, baseada na aplicação mecânica da experiência da Revolução Russa. Isso levou inclusive o Partido Comunista (PC) de Cuba a convocar a formação de sovietes para substituir a ditadura por um governo dos trabalhadores. Tal concepção, que refletia uma incapacidade de compreensão da luta de classes no período, fez com que o Partido Comunista convocasse o encerramento da greve geral em 1933, uma vez alcançadas as reivindicações econômicas. O PC considerava que

> substituir Machado por um governo de oposição burguês-latifundiário significaria deixar Cuba como uma semicolônia do imperialismo e as massas populares na miséria e na escravidão. Essa conclusão consistia em que, dada a impossibilidade de Machado ser imediatamente convocado por um governo revolucionário de trabalhadores, a luta de classes proletária serviria precisamente apenas para ajudar essa oposição a escalar o poder.[25]

No entanto, apesar de seus erros, a orientação combativa do PC neste momento representou, sem dúvida, um fator importante na radicalização do movimento operário cubano durante a luta contra a tirania. Além disso, ele ampliou sua influência sobre a classe trabalhadora, que gradualmente ia superando a longa tradição anarquista.

---

[25] *Id., ibid.*, p. 116-117.

O MOVIMENTO OPERÁRIO CUBANO

O movimento insurrecional que derrubou Machado assumiu a forma de greves que se tornaram uma greve geral. Essa começou com uma greve dos trabalhadores de ônibus em Havana. E "foi o início de uma onda de greves que, em solidariedade com os trabalhadores dos transportes e por suas próprias demandas, *ia se estendendo com velocidade tempestuosa para todos os setores da economia de um extremo a outro da ilha, transformando-se, de fato, em uma greve geral".*[26]

A classe trabalhadora, apoiada pelo movimento estudantil, tinha a firme atitude de manter-se em greve enquanto a ditadura sobrevivesse. Houve confrontos violentos entre trabalhadores e a polícia. Os trabalhadores tomaram várias usinas e ferrovias das companhias açucareiras e as ocupações se generalizaram chegando à ocupação e distribuição de terras. Machado não podia seguir governando. Finalmente, diante de uma situação sem saída para a tirania, sua queda é consumada quando uma revolta dos militares explode.

A sucessão de Machado esteve, por algumas semanas, a cargo de Carlos Manuel de Céspedes, um homem de confiança dos oligarcas e do imperialismo. Fulgencio Batista aparece como o "homem forte", o líder do expurgo dos oficiais "machadistas" no exército. A situação era tensa, porque a demonstração de força que a classe trabalhadora havia dado tornava impraticável a existência de um governo ostensivamente antipopular e pró-imperialista. Céspedes é derrotado por uma rebelião dos sargentos e assume o chamado Governo Estudantil de Ramón Grau San Martín – um homem de classe média que tinha o apoio da esquerda estudantil – e com a participação de Antonio Guiteras, de firmes convicções anti-imperialistas, que representava o Diretório Estudantil.

Esta era uma solução transitória. Na medida em que não contava com a confiança nos setores oligárquicos e imperialistas, e na

---

[26] *Id., ibid.*, p. 116, destaques nossos.

medida em que não desfrutava do apoio dos setores de trabalhadores organizados devido à hostilidade manifestada ao Partido Comunista, estava fadado ao fracasso em um período muito breve. Guiteras tenta implementar uma política nacionalista que busca satisfazer uma série de demandas dos trabalhadores (decretos sobre a nacionalização do monopólio da eletricidade e melhorias nas condições de trabalho dos operários), mas mesmo com o respaldo das massas estudantis e dos trabalhadores não consegue ter uma base de apoio organizada, um dos principais fatores que teria lhe permitido permanecer no governo e dar continuidade a sua política.[27]

> A constituição de sovietes em diferentes usinas provoca a repressão feroz da guarda rural, ordenada pelo chefe do exército, ex-sargento Batista, que age livremente e assim se produz a contradição de que, enquanto o ministro do Governo Antonio Guiteras autoriza a celebração em Havana do IV Congresso da Unidade Sindical, os trabalhadores são metralhados nas fábricas.[28]

Ramón Grau San Martín, um homem vacilante, que não estava à altura do momento político vivido no país, renuncia forçado pelo Chefe do Estado Maior, Fulgencio Batista.[29]

---

[27] O Diretório Estudantil se desfaz, acreditando que sua missão estava cumprida (!), e o Partido Comunista, devido a sua linha sectária do período, se negou a apoiar Guiteras, por considerá-lo um político pequeno-burguês alheio aos interesses dos trabalhadores (!).

[28] Plascencia Moro, Aleida. "Jesús Menéndez". Cuba Internacional. [*Prensa Latina*, La Habana], abr. 1972, p. 31.

[29] Depois que é derrotado este governo de conciliação, Guiteras trata de organizar um grupo de combatentes para continuar a luta contra o poder oligárquico-imperialista. Sua concepção de luta se expressava no nome que colocou em seu grupo: TNT, as iniciais de um famoso explosivo... Contudo, Guiteras não conseguiu explodir novamente suas ações revolucionárias, pois foi assassinado a mando de Batista. A figura histórica de Guiteras é, sem dúvida, uma das mais notáveis entre os caudilhos cubanos. Seu grande valor pessoal que se expressava por meio de uma imensurável audácia e obstinação, junto a suas fortes convicções anti-imperialistas, sem dúvida inspiraram, de uma ou outra maneira, os jovens de 26 de Julho e do Diretório Revolucionário 13 de março.

O governo de seu sucessor, Carlos Mendieta, é a expressão da contrarrevolução. Com características nitidamente fascistas, marcará uma nova era de repressão contra o movimento operário. A CNOC convoca uma greve geral em 1º de maio de 1934: "Todos na rua e na greve geral ao 1º de maio". "Pela revogação dos decretos fascistas e manutenção das demandas, contra a guerra e pelo governo dos operários e camponeses".[30] A insistência no chamado à Constituição do "governo dos operários e camponeses" ainda refletia a validade da linha do Terceiro Período no Partido Comunista.

Entre os decretos fascistas, estava o que declarava a greve ilegal. Porém, os trabalhadores se lançaram novamente à greve geral e às grandes passeatas pelas ruas. Como resultado, seus sindicatos foram invadidos e suas manifestações de rua, massacradas.

> Vinte e cinco mil trabalhadores marcham em Havana e lutam contra o Exército [...]. Um mar de bandeiras vermelhas coloria a manifestação, que, no meio de uma disciplina proletária férrea, marchou por Reina. Milhares de trabalhadores ensurdeciam o ambiente com seus gritos de guerra [...]. Reuniões e manifestações foram realizadas em vários bairros de Havana, suscitando diferentes confrontos com o Exército e a Polícia.[31]

No entanto, essa nova tentativa insurrecional da classe trabalhadora cubana, que corresponde ao fim de um longo período de ascensão do movimento operário, fracassa diante da repressão implacável do exército liderada por Batista e da impossibilidade histórica de se constituir, naquele momento, um "governo dos operários e camponeses".

Nova ascensão e queda do movimento operário

---

[30] *Confederación, 14 de abril*. Órgão da Confederación Nacional Obrera de Cuba (CNOC) citado em Suárez, Adolfo. "Estampas del movimiento obrero cubano". *Bohemia*, [La Habana], n. 36, 1972, ["Reina", na citação, refere-se à rua de mesmo nome, localizada no centro histórico de Havana (N.S.T.)].

[31] *Confederación, 12 de maio*, citado em Suárez, Adolfo. *Op. cit.*

A partir de 1937, inicia-se um processo moderado de redemocratização sob a influência da reorientação da política estadunidense para a América Latina, conhecida pelo nome de Política da Boa Vizinhança. Diante da ameaça de guerra contra a Alemanha nazista, era conveniente aos EUA garantir o apoio e as boas relações com os países do continente.

Batista ocupa o governo, constitucionalmente, de 1940 a 1944. Durante todo esse novo período, a orientação dos Partidos Comunistas foi variada. Sua linha tornou-se a das Frentes Populares. O Partido Comunista apoiou o processo de redemocratização.

Em 1944, assume novamente o governo de Ramón Grau San Martín, agora um membro proeminente do Partido Revolucionário Cubano. Então, o movimento operário entra em um novo estágio de reorganização e expansão de suas organizações, a fim de lutar pelo aumento dos salários e reduzir os efeitos da inflação e da escassez, agravados pela guerra. Os trabalhadores canavieiros lutam pela conquista do diferencial açucareiro.[32]

O governo estadunidense de Harry S. Truman no período pós-guerra reorienta suas ações na América Latina nos marcos da política que se chamou de *big stick* [grande porrete]. É o momento em que começa a se configurar a expansão das grandes empresas estadunidenses no mundo e no continente em particular. O imperialismo vive uma etapa de apogeu. No contexto dessa expansão imperialista, combinada com a política da "Guerra Fria", as classes dominantes cubanas, em conivência com os interesses do imperialismo, adotam uma política anticomunista e repressiva.

---

[32] "Em dezembro de 1946, a campanha pelo pagamento diferencial culminou com a antecipação de 25 milhões de pesos aos trabalhadores da cana-de-açúcar. [...] A mobilização das massas trabalhadoras e as circunstâncias internacionais tornaram possível alcançar talvez uma das maiores conquistas do operariado cubano. [...] Cuba havia se convertido em um campo favorável ao investimento imperialista – devido ao fortalecimento e organização de seu movimento operário". Plascencia Moro, Aleida. *Op. cit.*, p. 32.

Trata-se de dividir e decapitar o movimento dos trabalhadores. Para isso, se usa a corrupção de um grupo de líderes operários, liderados pelo lamentavelmente famoso Eusebio Mujal. Por meio de manobras, corrupção, prisões, assassinatos, o "mujalismo" consegue se apoderar de uma parte importante do movimento sindical. Em 1948, Jesús Menéndez é assassinado. Ele havia sido um dos fundadores da Confederação de Trabalhadores de Cuba [Confederación de Trabajadores de Cuba, CTC], em 1939, e um grande líder operário, tendo liderado durante anos a luta dos trabalhadores e, especialmente, as batalhas pela conquista do diferencial açucareiro.

A corrupção desmedida do governo "autêntico" causa uma cisão de seu partido, liderada por Eduardo R. Chibas. Ele conduz um grande movimento (cujas principais características foram destacadas em um capítulo anterior) até que seu suicídio deixa seus seguidores sem sua liderança. Porém, "o movimento popular desencadeado por Eduardo Chibas crescia com o seu suicídio. Nem o partido do governo nem o de Batista podiam esperar êxito nas eleições anunciadas para junho de 1952. As massas ansiavam levar candidatos ortodoxos ao poder".[33] Batista decide, então, consumar o golpe de Estado, em 10 de março de 1952.

Neste mesmo ano, a Federação de Estudantes Universitários (FEU), aliada às organizações de trabalhadores de oposição, realiza um ato público de comemoração do 1º de Maio. Deste momento até a grande greve açucareira de 1955, praticamente não ocorrem outras manifestações importantes do movimento operário organizado, embora a presença dos trabalhadores se manifeste de uma maneira ou de outra em lutas como a iniciada pela anistia, que começa após o "julgamento" dos rebeldes que tentaram tomar de assalto o Moncada.

---

[33] Suárez, Adolfo. *Op. cit.*, p. 104.

A orientação do Partido Socialista Popular (PSP)[34] à classe trabalhadora a partir de 1953 (o partido passava novamente por um curto período de radicalização no início dos anos 1950, devido à influência da Revolução Chinesa, e que consistia em propor a formação de um movimento revolucionário sob hegemonia operária) é redefinida. É adotada a linha de luta por um governo nacionalista e democrático, em unidade com todos os setores progressistas nacionais. Essa nova linha não contemplava a luta insurrecional armada em curto prazo e essa será a principal diferença tática entre o Partido Socialista Popular e o M-26-7, a qual perdurará até a segunda metade de 1958, quando o PSP se incorpora à luta armada.

---

[34] Novo nome que o Partido Comunista adotou em 1944.

A MUDANÇA DE ESTRATÉGIA

A classe trabalhadora e a greve de abril

Esse relato histórico da evolução do movimento operário cubano nos permite tirar conclusões úteis para entender sua influência e sua atuação no processo revolucionário dos anos 1950.

Em primeiro lugar, destaca-se sua grande tradição e experiência de luta, que vem do século XIX. Em segundo lugar, se observa o uso relativamente constante do recurso de greve geral como uma maneira de alcançar suas reivindicações; este tem sido "o modo de movimento da massa proletária". Em terceiro, a experiência da greve insurrecional do proletariado nos anos 1930 é notável; como foi destacado, essa forma de luta demonstra, inclusive na prática, a possibilidade de sucesso na derrubada de um governo antipopular.

Com base nesses elementos, é válido repensar por que, então, em 1958, a classe trabalhadora não respondeu ao chamado da greve geral do M-26-7?

Para entendê-la, é necessário recordar a abordagem teórica de Rosa Luxemburgo, já citada anteriormente: "a greve em massa não é 'feita' artificialmente, nem 'acordada' ou 'propagada' nas nuvens, mas é um fenômeno histórico que ocorre em um determinado momento devido a uma necessidade histórica decorrente das condições sociais".[1] Isso permite uma primeira aproximação aos fatores explicativos do fracasso dessa tentativa de greve geral. A maneira como a greve foi concebida, por meio da determinação arbitrária de sua data, sem que a classe trabalhadora ainda estivesse comprometida com o processo revolucionário que o M-26-7 tentava desencadear, condicionou seu caráter artificial e foi o fator decisivo de sua derrota.

A luta contra a ditadura ainda não havia atingido maturidade suficiente para que se pudesse dar imediatamente o golpe final. O M-26-7 ainda não havia conseguido se transformar na vanguarda efetiva da classe trabalhadora e o fato de o Partido Socialista Popular (PSP), que era quem tinha maiores possibilidades de mobilizar as massas, não estar comprometido com esse plano insurrecional mostra o quão inoportuna era a pretensão de tentar culminar um processo antes que ele estivesse suficientemente desenvolvido. Nesse sentido, a não participação do PSP refletia o grau limitado em que o desenvolvimento da luta revolucionária ainda se encontrava e, portanto, não tem maior relevância especular sobre o sucesso da greve se esse partido também estivesse empenhado em sua realização.

Mas cabe perguntar: a derrubada da ditadura odiada pelo povo não era uma "necessidade histórica"? Não existiam "condições sociais" para uma insurreição operária?

Do ponto de vista da resistência oferecida pela classe trabalhadora à política ditatorial, na segunda metade dos anos 1950, houve dois momentos em que emergiu sua vontade de lutar, movida pelo desenvolvimento de sua consciência política: primeiro, na grande greve açucareira de 1955 que, como observamos em um capítulo anterior, chegou a assumir características insurrecionais; segundo,

---

[1] Luxemburgo, Rosa. "La huelga en massa". *In: Obras escogidas*. México: Capricornio, 1969. p. 8 e seguintes. (N.S.T)

após o assassinato de Frank País, que iniciou uma grande greve antiditatorial que durou vários dias.

Com base nesses indicativos, pode-se afirmar que existiam "condições sociais" em Cuba para propor, como prática revolucionária em um prazo relativamente curto, a luta pela derrubada do governo ditatorial. Esta não surge na segunda metade dos anos 1950 como uma decisão voluntarista de um grupo de aventureiros idealistas. Já foi demonstrado anteriormente que o 26 de julho não era um pequeno grupo isolado das massas, mas era a expressão de todo um vasto movimento social que correspondia às aspirações democráticas e populares da ilha. É isso que explica a revolta, expressa na greve, que provoca o assassinato de Frank País.

Além disso, é necessário levar em consideração que, particularmente em 1958, uma situação econômica bastante crítica está surgindo em Cuba. Isso é consequência da crise do capitalismo norte-americano naquele ano, que tende a interromper a relativa expansão econômica que a ilha viveu durante os primeiros anos da década (mais adiante, voltaremos a esse aspecto). Porém, embora seja verdade que houvesse condições gerais para desenvolver uma luta antiditatorial, não foram produzidas as necessárias para que, naquele momento preciso, alcançassem sua *culminação* por meio do chamado de uma greve geral insurrecional.

Apresentadas assim as coisas, o revés sofrido pela tentativa de greve em 1958 deixa de ser explicado fundamentalmente por razões de ordem técnica e passa a ser por razões políticas. E aqui a abordagem teórica de Rosa Luxemburgo adquire significado real: "não é a greve de massas que produz a Revolução, é a Revolução que produz a greve de massas". Em abril de 1958, o processo revolucionário cubano ainda não estava maduro o suficiente para chegar ao seu fim por meio da greve geral insurrecional, embora venha a estar poucos meses depois.

Já foi apontado que o fracasso dessa tentativa de greve levou ao desenvolvimento, na prática, de uma nova concepção estratégica pelo M-26-7. A nova estratégia, sem dúvida, será muito mais rica e complexa, e resultará na combinação de várias formas de lutas (Ela será objeto de análise mais adiante).

Todos esses elementos nos permitem entender, não apenas porque a tentativa de greve de 1958 foi malsucedida, mas também porque, alguns meses depois, em janeiro de 1959, foi possível realizar uma greve geral que dá o golpe de misericórdia à ditadura e lança por terra definitivamente qualquer possibilidade de golpe militar. Nessa ocasião, a greve geral ocorre como resultado do processo revolucionário, de incorporação combativa da classe trabalhadora cubana na luta contra a tirania.

A incorporação maciça da classe trabalhadora começará a ocorrer no segundo semestre de 1958, fundamentalmente pelo trabalho político e organizacional realizado pelas colunas guerrilheiras, como discutiremos mais adiante. Nesse momento, o Partido Socialista Popular se une ao processo insurrecional e este é, sem dúvida, um importante fator de apoio dos trabalhadores à luta revolucionária.

É verdade que o PSP não tinha um controle hegemônico da classe trabalhadora. A divisão do movimento operário pelo "mujalismo" e seu controle sobre grande parte do aparato sindical já foram destacados. Além disso, o M-26-7, filho pródigo da Ortodoxia, também exercia uma influência de massa que, embora difusa e pouco orgânica, arrastava por si própria, especialmente nos últimos meses da guerra, uma adesão bastante significativa da classe trabalhadora. O crescente respeito e prestígio de seus grandes dirigentes político-militares, como Fidel, Raúl, Che, Camilo, contribuíam muito no sentido de canalizar uma ampla adesão de massas. No entanto, o PSP era, entre as forças de esquerda, o que tinha uma base orgânica de trabalhadores mais sólida, produto de anos de experiência em luta, militância e disciplina partidária. Seu erro histórico de ter compreendido tardiamente o papel decisivo da luta armada contra a tirania não pode obscurecer sua importância nesta, a partir do momento em que adere à insurreição.

Essas considerações são feitas com a intenção de ajudar a lançar por terra certas interpretações que têm subestimado de forma quase absoluta o papel do PSP no processo revolucionário cubano. Intencionalmente ou não, muitas vezes serviram para estimular não propriamente uma crítica marxista séria à atuação dos partidos comunistas, mas a negação da concepção leninista do papel do partido proletário e, em casos extremos, um anticomunismo tipicamente pequeno-burguês.

A estratégia guerrilheira

Como foi apontado, o fracasso da tentativa de greve geral em abril de 1958 conduziu a uma profunda mudança de estratégia. A partir de então, as guerrilhas rurais que gradualmente configuraram o Exército Rebelde se afirmam como o centro da organização e ação revolucionária e se transformam na principal forma de luta na nova etapa do processo insurrecional.

Che Guevara, em um de seus relatos, descreve uma reunião em que se realiza uma análise do revés sofrido pela greve e as medidas que se tomaram para reorganizar o Movimento e superar suas debilidades.[2] É importante analisar esse texto de Che, pois ele revela como ocorreu a superação da concepção estratégica anterior e a afirmação da nova.

Naquela reunião, diz Che, "tivemos que julgar as ações dos companheiros do *llano*, que *até aquele momento, na prática, haviam conduzido os assuntos do 26 de julho*".[3] Che continua em seu relato dizendo que

---

[2] Guevara, Che. "Una reunión decisiva". *In: Obra revolucionaria*. [La Habana: Comisión de Orientación Revolucionaria de Dirección Nacional del PURSC, 1960], p. 237 e seguintes.

[3] *Id., ibid.*, p. 237 e seguintes, destaques nossos.

A MUDANÇA DE ESTRATÉGIA

o mais importante (naquela reunião) é que duas concepções que estavam em conflito durante todo o estágio anterior da condução da guerra foram analisadas e julgadas. A concepção guerrilheira saía dali triunfante, consolidado o prestígio e a autoridade de Fidel e nomeado Comandante-em-Chefe de todas as forças, incluindo o destacamento armado urbano – que até aquele momento estava sujeito à Direção do *llano* – e Secretário-Geral do Movimento.

É incontestável a reafirmação que Che faz da supremacia inquestionável do *llano* sobre o Movimento até então. Mas é necessário pontuar o alcance de sua abordagem sobre a disputa entre duas concepções "durante toda a etapa anterior".

Anteriormente, tentamos mostrar, com base em vários documentos históricos, o predomínio da concepção insurrecionista urbana em vigor desde o ataque ao Moncada até abril de 1958. Naturalmente, opiniões divergentes poderiam existir, mas, em todo caso, elas não adquiriram relevância até o fracasso da tentativa de greve. O próprio Fidel, que tinha uma "grande confiança no movimento guerrilheiro", aprovou com entusiasmo a resolução da convocação da greve em abril e, se assim o fez, não foi meramente porque se deixou convencer pela direção do *llano*, mas, sobretudo, por uma profunda convicção, professada desde Moncada, de que essa era a via para o triunfo da revolução. É isso que explica por que, para ele, essa derrota foi "o golpe mais duro que a revolução sofreu ao longo de seu trajeto". Devemos lembrar também o que foi levantado por Faustino Pérez: "sempre se pensava que a luta deveria culminar em uma insurreição geral e na greve".

Retornando ao texto de Che, este fornece elementos valiosos para compreender os motivos da mudança estratégica de concepção. Ele estava baseado em um rigoroso balanço crítico do fracasso da greve e, além disso, no caráter que a organização urbana havia assumido. As debilidades da concepção de luta que haviam sido defendidas até aquele momento, bem como as deficiências orgânicas existentes para implementá-la com êxito, recomendavam uma reorientação radical da condução da luta.

> A análise da greve demonstrava que seus preparativos e desencadeamentos estavam saturados de subjetivismo e concepções *putschistas*,[4] o formidável aparato que parecia ter o 26 de Julho em suas mãos, na forma de uma organização celular operária, havia se desbaratado no momento da ação. A política aventureira dos líderes operários fracassara diante de uma realidade inexorável. Mas eles não eram os únicos responsáveis pela derrota, nós opinávamos que a maior culpa recaía sobre o delegado operário, David Salvador, o chefe de Havana, Faustino Pérez, e o chefe dos destacamentos armados do *llano*, René Ramos Latour.

A crítica de Che não responsabilizava meramente as pessoas, mas questionava toda uma concepção de luta implementada pelo Movimento. A sequência do texto a mostra claramente:

> O primeiro, por sustentar e levar a cabo sua concepção de uma greve sectária, que obrigou os demais movimentos revolucionários a seguir atrás do nosso. A Faustino, pela falta de perspectiva que teve ao crer na possibilidade de tomar a capital com seus destacamentos armados sem conferir as forças da reação em seu bastião principal. Daniel, pela mesma falta de visão, mas referida *aos destacamentos armados do* llano, *que foram organizados como tropas paralelas às nossas, sem treinamento ou moral de combate e sem passar pelo rigoroso processo de seleção da guerra.*

É interessante observar que Che aponta fatores que não foram colocados por Faustino Pérez em sua famosa entrevista sobre as razões da derrota da greve. Porém, o mais importante a ressaltar nesse relato é a percepção que a direção do Exército Rebelde teve do fracasso da concepção estratégica até então vigente. Não se trata de aprofundar as razões pelas quais a classe trabalhadora não havia aderido à parada, mas se compreende muito mais claramente as limitações do trabalho operário do Movimento, como suas limitações militares no *llano*.

---

[4] *Id., ibid.*, p. 237 e seguintes, destaques nossos. Essa caracterização já foi discutida anteriormente.

Esse questionamento, feito de forma lúcida pela *sierra*, provoca resistências pela parte do *llano*. De acordo com Che,

> A divisão entre a *sierra* e o *llano* era real. Havia certas bases objetivas para isso, dado o maior grau de maturidade alcançado na luta guerrilheira pelos representantes da *sierra* e menor pelos combatentes do *llano*, mas também havia um elemento de extraordinária importância, algo que poderíamos chamar de deformação profissional. Os companheiros do *llano* tiveram que trabalhar em seu ambiente e, pouco a pouco, se acostumaram a ver os métodos de trabalho necessários para essas condições como ideais e os únicos possíveis para o Movimento e, ainda – humanamente lógico – a considerar o *llano* com maior importância relativa que a *sierra*.

Em geral, a explicação é válida. No entanto, a divisão de concepções que ocorre nesse momento não é propriamente o produto de uma "deformação profissional" da militância do *llano*, mas revela um desacordo muito mais profundo, que envolvia o foco principal da luta, o papel da greve trabalhadora etc. Seu resultado, o predomínio e a adoção da estratégia guerrilheira, foi muito mais do que a vitória de uma fração sobre a outra; foi, em especial, a superação pelos fundadores do M-26-7 de sua concepção estratégica anterior.

Essa mudança de estratégia para a concepção guerrilheira se expressa "em uma única capacidade dirigente, a da *sierra* e, concretamente, em um dirigente único, um comandante em chefe, Fidel Castro". Fidel também passa a ser comandante em chefe dos destacamentos armados urbanos. "Na parte política, a Direção Nacional passava para a Sierra Maestra, onde Fidel ocuparia o cargo de Secretário Geral e se constituía um secretariado de cinco membros, onde havia um de finanças, de assuntos políticos e assuntos do operariado".

Toda a direção do Movimento foi centralizada na *sierra*, que passava a ser concebida como o local principal da luta, e as guerrilhas concebidas como a forma dominante da guerra. Nessa nova concepção estratégica, a greve geral revolucionária ainda é concebida como indispensável; mas a próxima tentativa deveria ser ordenada da *sierra* e preparada em um trabalho conjunto com o PSP.

Em suma, a nova concepção dominante era a da luta guerrilheira

> estendendo-a até outras regiões e dominando o país por essa via, e se acabava com algumas ilusões ingênuas de pretensas greves gerais revolucionárias quando a situação não tivesse amadurecido o suficiente para ocorrer tal explosão, e sem o trabalho prévio ter características de uma preparação conveniente para um feito de tal magnitude.[5]

A ofensiva que o exército de Batista empreenderá em seguida contra as guerrilhas colocará à prova a nova concepção estratégica do Movimento. Esse será o nosso próximo tema de discussão.

---

[5] *Id.*, *ibid.*, p. 237 e seguintes, destaques nossos.

POR QUE TRIUNFA A ESTRATÉGIA GUERRILHEIRA?

O ápice da guerrilha rural

Após a derrota da tentativa de greve, a tirania acreditou que poderia liquidar definitivamente os rebeldes. Che conta que

> imediatamente após a reunião, seus participantes se separaram e eu tive que inspecionar toda uma série de zonas, tentando criar linhas defensivas com nossos pequenos grupos armados para ir resistindo à pressão do exército, até que a resistência realmente forte começasse nas áreas montanhosas, desde as 'La Sierra de Caracas', onde estariam os pequenos e mal armados grupos de Crescencio Pérez, até a zona de 'La Botella' ou 'La Mesa', onde as forças de Ramiro Valdés estavam distribuídas.
>
> Este pequeno território devia se defender com não muito mais do que 200 fuzis úteis quando, alguns dias depois, começava o 'cerco e aniquilação do exército de Batista'.[1]

Como Che aponta, "a onda contrarrevolucionária aumentava. Ao final, colidiria com os picos da Sierra, mas, ao final de abril e início de maio, estava em plena ascensão".[2]

No começo de sua ofensiva contra os rebeldes, o exército da tirania acreditava que poderia liquidar as guerrilhas e promover

---

[1] Guevara, Che. "Una reunión decisiva", p. 241.

[2] *Id.,* "Interludio". *In: Obra revolucionaria.* [La Habana]: Comisión de Orientación Revolucionaria de Dirección Nacional del PURSC, 1960, p. 233.

POR QUE TRIUNFA A ESTRATÉGIA GUERRILHEIRA?

impunemente todo tipo de atrocidade contra a população civil, a fim de despojar os guerrilheiros de bases sociais de apoio.

> Os lacaios saíam ao amanhecer queimando cabanas de camponeses, dos quais espoliavam todos os seus bens e se retiravam antes que nós (os guerrilheiros) interviéssemos, em outras ocasiões atacavam algumas de nossas forças de *escopeteros*[3] espalhadas pela área, fugindo em seguida. O camponês sobre o qual recaía a suspeita de colaboração conosco era assassinado.[4]

Referindo-se a esse período, Fidel dimensiona que

> depois de 9 de abril, eles acreditavam que começaria uma etapa na qual esmagariam o movimento revolucionário. Esses eventos não constituíram apenas um exemplo extraordinário de heroísmo, mas também um exemplo de como um povo revolucionário é capaz de se recuperar de qualquer contratempo. Naqueles dias, as últimas e maiores ofensivas contra o movimento revolucionário foram organizadas; naqueles dias, concentraram a maior parte das tropas contra a Sierra Maestra, naqueles dias, um exército de aproximadamente 10 mil soldados tentou cercar o Exército Rebelde *que, depois de reunir diversas forças da Sierra Maestra, contava com um número de apenas 300 homens.*[5]

E Fidel faz um balanço do resultado dessa ofensiva:

> Depois da ofensiva, que durou aproximadamente uns 35 dias, e da contraofensiva, que durou outros 35 dias, em vez de 300 homens, éramos mais de 800 homens armados. Naquela ocasião, 505 armas e pouco mais de 100 mil balas foram tomadas do inimigo. Assim, nosso exército de 300 homens aumentou para mais de 800 homens e, com 800 homens, as colunas avançaram sobre praticamente todo o resto do país [...]

---

[3] Segundo o Dicionário da Real Academia Espanhola, o termo *escopetero* (subs. m.) significa "hombre que sin ser soldado va armado con escopeta". Em português, "homem que sem ser soldado vai armado com escopeta". (N.S.T.)

[4] Guevara, Che. "Interludio". *In: Obra revolucionaria.* [La Habana: Comisión de Orientación Revolucionaria de Dirección Nacional del PURSC, 1960], p. 233.

[5] Castro, Fidel. "De la rebelión a la revolución. Discurso conmemorativo del X aniversario del 9 de abril". *Pensamiento Crítico,* [La Habana], n. 28, 1969, p. 134, destaques nossos.

> Ou seja, no momento em que a tirania se considerava com maior possibilidade de êxito, no momento em que estava mais otimista, no momento em que acreditava que iria destruir a Revolução, era o momento em que estava precisamente mais próxima de sua derrota.[6]

Esses 70 dias, nos quais ocorre a ofensiva da tirania e a contraofensiva do Exército Rebelde, é o período de ápice das guerrilhas rurais; representa a etapa na qual elas se transformam inquestionavelmente na principal forma de luta e na qual a liderança guerrilheira se afirma como a indiscutível vanguarda do processo revolucionário, o núcleo capitalizador de toda oposição ao regime. A derrota da ofensiva da tirania é de importância-chave do ponto de vista militar e político, pois ela determina uma mudança qualitativa no caráter da guerra, criando condições para expandir e dominar novas regiões do país e inaugurando uma nova etapa ofensiva revolucionária, que se realizará por meio dos deslocamentos das colunas invasoras. O desmantelamento da ofensiva da tirania acarreta um novo crescimento da luta antiditatorial, que culminará em poucos meses com a vitória da revolução.

O cumprimento de quatro fatores fundamentais explica o sucesso da nova estratégia. São eles: a decomposição do Exército da tirania, o apoio e a participação popular, particularmente do campesinato e da classe trabalhadora, o caráter amplo e nacional da luta insurrecional, que capturou a adesão de amplos setores da classe média e pequeno-burguesa e, finalmente, a utilização e combinação de várias formas de luta.

Vamos examinar brevemente cada um desses fatores.

---

[6] Castro, Fidel. "De la rebelión a la revolución. Discurso conmemorativo del X aniversario del 9 de abril". *Pensamiento Crítico,* [La Habana], n. 28, 1969, p. 134.

A decomposição do exército

O aparato político-militar da tirania foi liquidado em poucos meses, mais precisamente em sete meses, a partir da contraofensiva do Exército Rebelde, em junho de 1958.[7]

A curta duração da ofensiva rebelde bem como a verdadeira dimensão dos enfrentamentos a que deu lugar suscitaram controvérsias sobre a avaliação propriamente militar da guerra revolucionária. Alguns autores enfatizaram que a maior parte dos combates foram como escaramuças, sustentando que o exército de Batista não desejava lutar e evitava os confrontos em muitas ocasiões. Dessa forma, se tentava diminuir a magnitude da vitória militar dos rebeldes.[8] No entanto, na análise de uma guerra e, particularmente, de uma guerra revolucionária, o aspecto militar não pode ser compreendido independentemente do político. Portanto, é necessário realçar a decomposição do exército da tirania e a vitória revolucionária do ponto de vista político-militar. Só assim é possível explicar as características que assumiu a luta de classes em Cuba.

Uma estratégia revolucionária geralmente contempla o uso de várias formas de luta e sua combinação. Sua complexidade, seu desenvolvimento e seu resultado dependerão das circunstâncias históricas concretas nas quais o processo revolucionário é realizado. A maior ou menor importância do esforço por romper a ordem social vigente está diretamente relacionada à magnitude dos obstáculos e da resistência que opõe o velho regime e os recursos dos quais este pode dispor.

---

[7] Conf. Guevara, Che. "Una reunión decisiva". [*Pensamiento Crítico,* [La Habana], n. 31, 1969], p. 61.

[8] "O regime de Batista resultou fatalmente corrupto e incapaz, quando caiu parecia, ao menos superficialmente, que havia caído por seu próprio peso e debilidade. Era difícil que os jornalistas estrangeiros acreditassem que um punhado de barbudos de Castro tivesse algo a ver com isso se não fosse a propaganda". Taber, Robert. *La Guerra de La Pulga.* México: Era, 1967.

Em Cuba, o desmantelamento do aparato político-militar da ditadura se realizou por meio de uma guerra revolucionária de duração relativamente curta e só foi possível porque conseguiu, por um lado, neutralizar e, por outro, capitalizar a adesão de vastos setores sociais que potencialmente poderiam ser utilizados pelo poder ditatorial. Esse aspecto – o qual discutiremos mais adiante – era um dos componentes essenciais da concepção programática do M-26-7 e representa um elemento fundamental para entender o rápido sucesso da luta revolucionária baseada na liquidação do aparato repressivo ditatorial. O exército de Batista não combatia apenas contra um reduzido grupo de guerrilheiros: estava combatendo a vontade de resistência e libertação de todo um povo. E esse é o fator fundamental que explica a baixíssima moral e a ausência de uma devoção em combate entre os soldados da ditadura. É por isso que, já em março de 1958, pode-se dizer que "cada vez são mais numerosos os casos de soldados e praças que estão passando com armas para as nossas fileiras, enojados com o regime corrupto e criminoso que estão defendendo".[9]

Mas, para que essa adesão à causa revolucionária por numerosos soldados da tirania ocorresse, um fator de relevância fundamental e que merece ser destacado era o comportamento que os rebeldes tinham em relação a eles. Fidel o descreve da seguinte maneira:

> Os soldados inimigos estavam desmaiados nas trincheiras, haviam aceitado o cessar-fogo. Pouco a pouco, alguns dos que ainda podiam caminhar se aproximaram com dificuldade de nossas trincheiras e pediram água, comida e cigarros. Vendo que nossos homens não disparavam contra eles e lhes davam a própria comida que tinham à mão, abraçavam nossos soldados e choravam de emoção. Quão diferente foi o tratamento que eles esperavam por terem sido enganados pela falsa propaganda da ditadura! O espetáculo era emocionante para todos. Mas o batalhão ainda não havia se rendido. Ninguém mais disparava,

---

[9] Castro, Fidel; Pérez, Faustino. "Manifiesto del Movimiento 26 de Julio al Pueblo". *Pensamiento Crítico*, [La Habana], n. 28, 1969, p. 123.

> mas o comandante José Quevedo, um jovem oficial, realmente querido por seus soldados, ainda mantinha o controle sobre aquela tropa dizimada, faminta e destruída. Eles não lutavam, nem podiam mais lutar, mas o oficial ainda se recusava a se render e os soldados respeitavam sua decisão. Era difícil, no entanto, que os abraços entre rebeldes e soldados se trocassem na luta até a morte outra vez.[10]

E acrescenta:

> No dia 21, a uma da madrugada, os restos do batalhão 18 renderam-se às nossas forças. As condições foram decentes e humanas. Os oficiais foram autorizados a manter suas armas pessoais e todos receberam alimentos, e foram informados de que todos seriam libertados o mais rápido possível. Só o Comandante deveria permanecer prisioneiro de guerra.

O saldo dessa batalha foi importante politicamente – conseguiram neutralizar um setor do exército, o que provocaria repercussões em seu interior – e militarmente, porque um batalhão foi desmantelado. "A batalha de El Jigue gerou um saldo total de 249 armas tomadas, 41 soldados, praças e oficiais mortos e 241 prisioneiros. Destes, cerca de 30 feridos".[11] Essa batalha ocorreu durante a contraofensiva do Exército Rebelde, em julho de 1958.

Quanto ao baixo nível de combatividade do exército de Batista, existem vários testemunhos nesse sentido. Camilo Cienfuegos, por exemplo, relata em seu *Diário da Campanha* que, durante a invasão de Las Villas, quando cruzaram as linhas de emboscadas, "ao cair de um cavalo, escapou um tiro de uma San Cristóbal de um companheiro. Dias depois, ao deter um soldado, nos inteiramos que pelo lugar que passamos um grupo de soldados em tocaia nos viu, ouviu o tiro e não fez nenhum esforço para nos deter". E Camilo conclui que "esta é a demonstração mais palpável de que o exército

---

[10] Castro, Fidel. "Batalla del Jigüe". *In: La Sierra y el Llano*. [La Habana: Casa de las Américas, 1961], p. 192.

[11] *Id., ibid.*, p. 192.

de Batista não quer lutar e que sua baixa e rendida moral está diminuindo a cada dia".[12]

Naturalmente, essas considerações sobre a baixa moral e a disposição de combate pelo aparato repressivo da ditadura não limitam o valor inquestionável das guerrilhas como uma das formas fundamentais da luta revolucionária nem diminuem os méritos de seu uso na guerra revolucionária cubana. A eficácia da tática guerrilheira já foi de sobra comprovada historicamente e seu uso no Vietnã contra o exército mais poderoso do mundo a torna verdadeiramente inquestionável. É necessário ter em mente que a existência das guerrilhas sempre implica um amplo respaldo popular. Nesse sentido, e no caso específico de Cuba, deve-se notar que não foi o baixo nível de combatividade do exército da tirania que tornou possível o sucesso da estratégia guerrilheira, mas que foi essa estratégia que determinou aquele. Em outras palavras, foi a condução correta da luta no terreno político militar que gerou as condições para reduzir ao mínimo a capacidade repressiva do exército de Batista, seu isolamento estratégico, finalmente traduzido em sua total imobilidade e, no terreno político, na aniquilação do seu moral de combate, que o transformou no representante ineficaz de antipátria. A partir dessa perspectiva é que adquire sentido argumentar que o desmantelamento, a decomposição – tanto militar como política – do aparato repressivo foi um dos fatores cruciais da vitória da revolução.

A aliança operário-camponesa

Outro fator essencial da vitória foi o apoio e a participação do campesinato e da classe operária. É importante insistir nesses dois aspectos: apoio e participação. Se houvesse existido apenas um apoio passivo, essa condição não seria suficiente para fazer avançar o pro-

---

[12] Cienfuegos, Camilo. "La invasión de las Villas". *In: La Sierra y el Llano*. [La Habana: Casa de las Américas, 1961], p. 255.

cesso revolucionário. A luta revolucionária também contou com um apoio massivo e generalizado das grandes massas populares, incorporando ativamente a ela importantes setores camponeses e trabalhadores agrícolas.

A adesão campesina se fez presente desde os primeiros dias da existência da guerrilha na Sierra Maestra, como já foi destacado antes. Pouco a pouco, a incorporação dos camponeses foi evoluindo e a adesão individual tendeu a se transformar em adesão orgânica. Foi o caso, por exemplo, dos Comités de Campesinos Revolucionarios [Comitês Camponeses Revolucionários].

Foi assim que Raúl Castro relata sua experiência no trabalho de organização camponesa:

> Em doze de março de 1958, iniciei imediatamente a organização da zona de Majaguabo, que compreende todos os bairros de Piloto Arriba, El Medio e Bajo. Enquanto obtinha dados gerais de tudo que poderia interessar, consegui 100 fulminantes[13] para a futura fábrica do M-26-7 que estamos projetando, e entrei em contato com um indivíduo de quem tinha notícias por ter feito algumas tentativas de organização revolucionária. Coloquei em prática a ideia dos Comités de Campesinos Revolucionarios do M-26-7, com um secretário que atua como chefe, um delegado civil e outro militar, dando a eles todas as instruções necessárias pensando no futuro e com base em nossa experiência na Sierra Maestra. Em resumo, a missão desses Comités no momento é criar alguns víveres, que devem ser armazenados em locais seguros, preparar um serviço de informações básicas, contatos etc. e, especificamente, o delegado militar tinha a missão de formar uma patrulha de no máximo dez homens com as armas que pudessem recolher na área para lidar com a ordem militar.[14]

É o próprio Raúl Castro quem comenta que a coluna Frank País, cuja tarefa era abrir a segunda frente, encontrou "uma população civil determinada a ajudar até o infinito".[15]

---

[13] Um tipo de artefato explosivo caseiro idealizado pelos rebeldes.

[14] Castro, Raúl. "Diario de Campaña". *In: La Sierra y el Llano*. [La Habana]: Casa de las Américas, 1961, p. 212-213.

[15] *Id., ibid.*, p. 218.

Muitas são as razões pelas quais o campesinato ofereceu um apoio tão forte às ações guerrilheiras. A revolução foi a promessa da terra – ela começa a ser cumprida antes de sua vitória total, por meio da primeira reforma agrária na Sierra. A revolução representava um golpe ao poder e à exploração das grandes companhias açucareiras, que se expandiam com base na usurpação e no monopólio da terra. A revolução era a possibilidade de acabar com o desemprego e a fome. Era, também, a esperança de construir casas, hospitais, escolas para os filhos dos camponeses. Os camponeses não tinham nenhum motivo para apoiar a tirania e, além disso, tinham outra razão para odiá-la: os massacres e as arbitrariedades de todo tipo cometidos pelo exército da ditadura cubana nas últimas décadas e, sobretudo, durante o período da luta revolucionária.[16]

O campesinato foi, sem dúvida alguma, uma base social sólida para o movimento revolucionário. Contudo, além deste, contou também de forma muito importante com a adesão do proletariado agrícola, dos trabalhadores rurais.[17]

---

[16] Raúl Castro conta que, uma vez, depois do combate em El Abra, "o exército destruiu toda a vila de Guaibanó como represália. Todos estes lugares estão a leste e sudeste de Guantánamo. Dias atrás, o Exército, depois de um combate com os *escopeteros,* queimou quase todo o povoado de Lima a noroeste de Guantánamo. Além disso prometeu arrasar vários bairros que estão nas zonas semiliberadas [...] Em Guantánamo e seus arredores estão fazendo algumas concentrações de tropas que fazem incursões aos pequenos povoados em ações de pilhagem como verdadeiros bandoleiros, queimando, saqueando e ainda roubando dinheiro, joias aos cidadãos indefesos". Castro, Raúl. "Diario de Campaña", *op. cit.* p. 253-254.

[17] Uma pesquisa conduzida por um grupo da Universidade Católica nos anos 1956-1957 com trabalhadores rurais revelava que: "o índice de desnutrição é de 91% [...] o aporte calórico diário não passa de 2.500 calorias; [...] somente 4% dos entrevistados menciona a carne como alimento integrante de sua ração habitual. Com relação a peixes, é reportado por menos de 1%, os ovos são consumidos por 2,12% dos trabalhadores agrícolas e somente 11,22% toma leite. [...] O pão, alimento universal por excelência, símbolo da própria alimentação humana, somente é consumido por 3,36% da população trabalhadora agrícola. [...] A farinha de milho, ao contrário do que deveria se esperar, aparece apenas

Um artigo publicado recentemente na revista cubana *Bohemia* sobre Camilo Cienfuegos procura retratar a imagem desse dirigente como "propulsor do movimento operário e campesino na Zona Norte de Las Villas". Ali se revela, pela atuação de Camilo, todo um importante aspecto da Revolução Cubana que, no geral, passou despercebido para os seus analistas. Trata-se da participação combativa da classe trabalhadora junto às ações da coluna invasora liderada por Camilo. Dada a importância desse texto, um dos poucos que busca destacar o papel do proletariado no processo insurrecional, vamos citá-lo amplamente:

---

em 7%". Na análise dos dados obtidos nesta pesquisa, conclui-se que "a principal fonte de alimentos energéticos é representada pelo arroz, que supre 24% da dieta total, sendo o mais elevado de todos os itens. Se compararmos esse índice com o consumo de feijão, 23%, quase empatado com o arroz, podemos concluir que o trabalhador agrícola cubano se alimenta de arroz com feijão. [...] Quanto aos vegetais, não aparecem mencionados em nenhum caso. [...] O açúcar é outra forma importante de suprir o *déficit* calórico", ainda que "careça totalmente de proteínas, gorduras e outros nutrientes". Quanto à saúde, "14% dos camponeses entrevistados padecem ou padeceram de tuberculose", 13% de febre tifoide, 36% de parasitismo intestinais. "O paludismo é referido como antecedente por 31% dos camponeses". A maior parte das enfermidades não recebe qualquer atenção médica. "Somente 8% recebe atenção gratuita do Estado. [...] O patrão ou o sindicato proporciona assistência médica a 4% dos trabalhadores agrícolas e um percentual igual recebe o auxílio profissional em clínicas privadas". Quanto à situação habitacional, "6% das casas são abastecidas com água encanada. Na maior parte das casas onde há latrina exterior, 64% destas contam com um poço de abastecimento de água que não se encontra a mais de 30 metros da latrina (distância mínima requerida para evitar a contaminação das águas). No que diz respeito à educação, "43% dos camponeses não sabem ler e escrever". Nesta mesma pesquisa, a resposta dos trabalhadores à pergunta sobre o que acreditavam ser necessário para melhorar sua situação, "uma imensa maioria (73,46%) acredita que sua solução repousa na oferta de mais fontes de trabalho". E concluem os analistas: o trabalhador agrícola "trabalha apenas 6 meses por ano, mas tem que alimentar e vestir sua família nos outros meses também; mas não pede divisão de riqueza nem subsídios, pede trabalho". Agrupación Universitaria Católica. "Encuesta de Trabajadores Rurales, 1956-1957". *Economía y Desarrollo*, n. 12, p. 188 e seguintes.

> Camilo tomou a iniciativa de organizar os trabalhadores e camponeses por meio de pequenas assembleias campesinas e de alguns trabalhadores industriais, principalmente açucareiros, das usinas próximas aos acampamentos da Coluna Invasora [...] E realmente vimos – disse William Galvez[18] – chegaram mais trabalhadores do que pensávamos [...] os trabalhadores partiram com grande confiança porque viram um grupo fortemente armado na Coluna Invasora, ainda mais depois das duas emboscadas, e sentiram algum apoio ao trabalho que começariam a realizar. *Junto com essas assembleias, Camilo desenvolveu a tática guerrilheira de ir atacando posições mais débeis até atingir as mais fortes. [...] Camilo se dirigiu aos companheiros do PSP, reportando-lhes a necessidade de organizar os operários e agricultores da área* [...] Havia um Operário Responsável na Coluna Invasora 'Antonio Maceo'. [19]

As citações indicam a incorporação do proletariado agrícola à luta revolucionária e destacam a atitude unitária de Camilo em relação ao PSP. Destaca-se a importância que ele outorgava à organização popular e sua vinculação com a luta armada. E assim continua a narrativa:

> Combate após combate, assembleia de camponeses após assembleia de operários, a Coluna Invasora ia ampliando os territórios liberados, como também sua base popular [...]. Chegavam dezenas de operários e camponeses que denunciavam diariamente os problemas das injustiças, dos abusos a que foram submetidos pelos patrões e pelo exército da tirania [...].

O articulista cita uma frase de Camilo: "Eu – dizia – tenho a necessidade de criar uma Comissão Operária vinculada ao Comando da Coluna, responsável por estruturar e organizar o movimento operário em todas as áreas libertadas pelo Exército Rebelde no momento, e aquelas que libertaremos no futuro". E acrescenta que:

> o esquema geral era muito simples: liquidar as direções *mujalistas*. Que os trabalhadores, por meio de assembleias gerais e democráticas, elegessem os dirigentes que considerassem mais convenientes.

---

[18] Comandante do Exército Revolucionário.

[19] Sarusky, Jaime. "Camilo: el guerrillero y el político". *Bohemia*, [La Habana], n. 43, oct. 1972, destaques nossos.

> Levantar imediatamente as demandas específicas sugeridas pelos trabalhadores de cada lugar, usina ou *batey*.[20] Ao mesmo tempo, depois de realizar reuniões de discussão primeiro com os trabalhadores e com os próprios patrões, o Exército Rebelde obrigava os patrões da área a cumprir essas demandas de imediato.

Segundo o artigo, esse tipo de trabalho começou em uma "área altamente politizada, com uma classe trabalhadora muito combativa". Essas áreas, *"embora tenham sido libertadas, na terminologia realmente militar em 'zonas controladas', porque não tínhamos tropas suficientes para manter uma vigilância sobre o exército, sobre suas seções militares naquele momento".*

Sarusky cita William Galvez, para quem Camilo

> como era lógico, pensava no futuro, que para levar a cabo um processo revolucionário (nós pensávamos que iria se prolongar mais do ponto de vista da luta contra a tirania) tinha que ter o apoio da classe trabalhadora [...] *Para Camilo, a classe trabalhadora era a base fundamental para o sustento da Revolução nesse campo ou em qualquer outro campo.*

Uma "assembleia combativa (que) se realizou em Guaiba, com a participação de cerca de 800 trabalhadores das usinas [...] as direções das seções sindicais foram eleitas ali [...] *Isso adquiria um caráter clandestino, já que as zonas onde as fábricas estavam localizadas ainda não haviam sido libertadas.* [...] Trabalhadores industriais contribuíram com dinheiro, roupa, alimentos para o suprimento das tropas de Camilo e também de Che". Camilo presidia pessoalmente várias assembleias de trabalhadores. O autor descreve a realização de uma assembleia sob as bombas da tirania e conclui: "o bombardeio, no entanto, não foi um obstáculo para que uma enorme e combativa assembleia operária acontecesse".

---

[20] Optamos por manter o original *"batey"*. Segundo o Dicionário da Real Academia Espanhola, é um substantivo masculino que se refere ao lugar ocupado pelas moradias, caldeiras, trapiche, barracos e armazéns situados nos engenhos e demais fazendas nas Antilhas. (N.S.T.)

Todos esses fatos configuravam um processo revolucionário "que já se delineava por seu conteúdo de classe". Mas a participação dos trabalhadores foi ainda mais longe, por meio da organização dos destacamentos armados operários e camponeses. Esses destacamentos

> armados com escopetas, revólveres etc., aproveitaram os vitoriosos combates do Exército Rebelde e recuperaram armas dos títeres e colaboradores da tirania. Além disso, fecharam as vilas libertadas, obstruindo-as com palmeiras-reais e árvores; com equipamentos de solda derrubavam pontes de ferro; e, com picaretas e marretas, faziam o mesmo com as de concreto. Não havia movimento militar que escapasse de sua vigilância ativa e essas informações rapidamente alcançavam o comando rebelde. E, enquanto os patrões pagavam o tributo diferencial açucareiro e os adiantamentos da safra no território liberado, os trabalhadores do açúcar contribuíram com toneladas de suor para o vitorioso Exército Rebelde.

Em dezembro, de acordo com o Exército Rebelde, foi realizado o Congreso de los Trabajadores Azucareros [Congresso dos Trabalhadores do Açúcar]. Uma de suas finalidades era "organizar uma greve geral em todas ou na maioria das usinas do país". Também havia sido convocado no Oriente "um Congreso Obrero [Congresso Operário] de todos os setores na Segunda Frente, ou seja, no território comandado pelo companheiro Raúl Castro. [...] No dia em que se inaugurou, houve grande concentração na vila de General Carrillo, participaram pelo menos 3 mil trabalhadores". Vários acordos importantes foram feitos no Congresso, "além da greve geral revolucionária e o apoio à luta armada sustentada pelo Exército Rebelde, todos aprovados por unanimidade".

As extensas citações do relevante artigo de Jaime Sarusky demonstram a importância da participação da classe trabalhadora na revolução e as razões de seu apoio decisivo, além de destacar a preparação orgânica, desde as bases, do que seria o culminar do processo revolucionário: a greve geral.

O caráter amplo e nacional da luta

Fidel Castro declarou certa vez que a Revolução Cubana foi um evento insólito, porque foi realizada com o apoio de 95% da população.[21]

De fato, além do amplo apoio do campesinato e da classe operária, a revolução contava com a adesão da maioria das classes médias e da pequena burguesia. Isso se dava porque os objetivos do movimento revolucionário também correspondiam objetivamente aos interesses dessas classes. Já foi apontado que a ideologia pequeno-burguesa conformava o caráter do movimento e de seu programa. Não surpreende que grandes setores dessas classes tenham desempenhado um papel ativo e militante na luta revolucionária.

A luta liderada pelo M-26-7 foi de caráter unitário e nacional.[22] Seu objetivo imediato era a derrubada da tirania, que, pelo seu caráter ineficaz, repressivo, corrupto e antidemocrático, não conseguiu articular nenhuma base social de apoio à contrarrevolução. Em contrapartida, o programa revolucionário baseava-se em um conjunto de reformas sociais que, por suas características gerais e progressivas, conseguia aglutinar inclusive os setores que, embora professassem uma concepção pró-capitalista, encontravam nele a possibilidade de implementar um processo de modernização e redemocratização do sistema vigente.

É isso que explica a adesão ao movimento e a aceitação da liderança revolucionária por setores claramente direitistas, ainda que

---

[21] Castro, Fidel. "Es la única revolución en el mundo que se ha hecho con el respaldo del 95% del pueblo [...]". Trecho do discurso de 6 de fevereiro de 1959 na Concentração de Trabalhadores da Companhia Shell de Cuba.

[22] "Nenhuma revolução, nenhum processo podem se dar ao luxo de excluir nenhuma força, menosprezar nenhuma força. Nenhuma revolução pode se dar ao luxo de excluir a palavra 'somar'. *E um dos fatores que determinam o êxito da Revolução Cubana, onde éramos um pequeno grupo, inicialmente, um pequeno grupo que em condições difíceis levou a cabo a luta, foi a política de unir, unir, unir, somar incessantemente*". Castro, Fidel. "Diálogo con los estudiantes de Concepción". *In: Fidel en Chile.* [Santiago: Ed. Nacional Quimantú, 1971], p. 92-93, destaques nossos.

seja necessário levar em conta que a unificação da oposição ao regime é finalmente alcançada em julho de 1958, momento em que o Exército Rebelde lança a contraofensiva ao exército de Batista e, portanto, começa a se vislumbrar uma grande possibilidade de vitória. Assim, diante dessa situação, a adesão de vastos setores à causa revolucionária também é explicada pelo oportunismo puro e simples. A tática de tentar controlar um movimento a partir de dentro é conhecida quando seu triunfo é iminente. Os Miró Cardona, os Felipe Pasos e muitos outros da mesma espécie aparecem nos primeiros momentos de qualquer processo revolucionário quando a vitória é iminente: são as últimas e desesperadas expressões das classes dominantes para introduzir sua marca e tentar canalizar inutilmente por velhos caminhos a marcha da história.

Mas, em todo autêntico processo revolucionário, esse "maquiavelismo" grosseiro não liquida a consciência das classes dominadas, e os burgueses que se vestem com o manto de progressistas tem que se desnudar, expondo a feia face da contrarrevolução.

Isso aconteceu em Cuba, mas já era tarde. Quando o aparato político-militar de dominação oligárquico-imperialista foi destruído, as táticas da revolução puderam variar e sofrer um novo processo de radicalização que conduziu rapidamente ao socialismo. Entretanto, esse foi o resultado de um processo e deve ser diferenciado de seu desenvolvimento próprio. Durante o período da guerra revolucionária, predominava a flexibilidade tática e a linha geral de amplas alianças de classes. E isso foi, sem dúvida, nas condições históricas em que o processo revolucionário cubano foi realizado, um dos fatores decisivos da vitória.

A combinação de formas de luta: chave da vitória

Uma das teses que apresentamos anteriormente é que a guerrilha rural foi a principal forma de luta na guerra revolucionária cubana somente por um período de pouco mais de dois meses, isto é, durante a ofensiva do exército da tirania e a contraofensiva rebelde. Quando as colunas invasoras Ciro Redondo, comandadas por Che Guevara, e Antonio Maceo, por Camilo Cienfuegos, começam a avançar em direção ao *llano*, o que define a guerra é a combinação de várias formas de luta, onde a guerrilha rural propriamente deixa de ser a forma principal. Como o PSP explicou muito bem:

> a tirania foi derrotada graças ao fato de que todo o povo se opôs e lutou ativamente de todas as formas possíveis e em todos os campos: na luta armada, nas greves e na greve geral, no movimento cívico, na ação de massas operária e camponesa, na propaganda e agitação, no boicote às eleições espúrias e na ação contra os agentes da tirania nas diferentes organizações (como a quadrilha traidora e corrupta de Mujal e seus cúmplices).[23]

O objetivo fundamental que as colunas guerrilheiras perseguiam era conquistar o território central da ilha, dividi-la em duas partes, isolar e encurralar o exército de Batista em seus quartéis, impedindo sua mobilidade, a fim de adiantar sua rendição incondicional por meio do culminar do processo revolucionário, que seria marcado pela greve geral. E, na prática, esse foi o curso que seguiu à luta nos seus últimos meses.[24] A atuação das colunas no *llano* foi caracterizada

---

[23] [PSP]. "Tesis sobre la situación actual". *Diário Hoy*. [La Habana], 11 ene. 1959.

[24] "O que havia sido pequenos grupos guerrilheiros se transformaram em um enxame. A sabotagem e o terrorismo se estenderam às cidades. Eventualmente, as patrulhas rebeldes chegavam audazmente ao interior das cidades em seus *jeeps* e inspecionavam as zonas suburbanas. Foram isolados os povoados situados ao longo da estrada nacional e submetidas suas pequenas guarnições militares. Santiago ficou isolada. No centro da ilha, foi descarrilhado um trem blindado que levava tropas para defender a cidade de Santa Clara e foram feitos prisioneiros os militares com um enorme carregamento de armas, que era o suficiente para equipar a todos os jovens voluntários da cidade". [...] "As desmoralizadas hostes de Batista, forçadas primeiro a permanecer nas cidades e depois em seus quartéis fortificados, não alcançavam nenhuma vantagem militar se se atreviam a sair, já que as guerrilhas não as enfrentavam em combate a menos que todas as vantagens estivessem a seu favor. Por outra parte, as tropas se encontravam expostas às emboscadas, à captura ou à morte onde quer que fosse, a menos que chegasse uma companhia ou até mesmo um batalhão.

pela guerrilha associada a várias formas de manifestações de apoio por parte dos setores populares que fustigavam e resistiam ao aparato repressivo do regime.

A guerra de guerrilha no *llano* teve características próprias, adaptadas às condições geográficas, que não permitiam combates de grande envergadura senão aqueles que representavam o culminar da invasão, como foi o caso de Santa Clara. Mas, nesse caso, a luta adotou antes a forma de guerra de posições ou convencional, onde, da parte rebelde não mais combatia um pequeno grupo guerrilheiro, mas se contava com a mais ampla colaboração popular.

Já no final de dezembro, vencendo um combate depois do outro, o Exército Rebelde havia se apoderado de armamentos pesados, como tanques e artilharia. Então, qualquer resistência das tropas da tirania teria produzido um confronto no qual o Exército Rebelde, do ponto de vista dos recursos bélicos, estaria, pelo menos, em igualdade de condições.

É importante insistir no fato de que "a invasão do *llano*" só poderia ocorrer com sucesso devido ao massivo apoio popular e à generalização da luta e resistência em praticamente todo o território nacional, sob formas que vão da guerrilha até a mais simples sabotagem da produção. Mobilizações de massa no campo e em pequenos povoados, ações de comando nas cidades, constante propaganda rebelde em todos os cantos do país (onde as transmissões da Rádio Rebelde tiveram um papel de destaque), a ação das guerrilhas rurais e das colunas invasoras, todos esses elementos se combinam para criar um clima intenso de pressão política contra o agonizante poder ditatorial. E, finalmente, o chamado à greve geral em um momento

---

Pouco a pouco, perdida a unidade de comando e destruídas as comunicações, foram expostas a serem feitas prisioneiras. Quando chegou a hora decisiva, a maioria das unidades estavam na defensiva dentro de seus próprios quartéis fortificados, sem dominar sequer as cidades que teoricamente deviam defender". Taber, Robert. *La Guerra de La Pulga*. [México: Era, 1967], p. 42.

em que as províncias centrais já eram um território livre representa o golpe de misericórdia para o aparato político-militar da ditadura.

A greve geral, convocada por Fidel e pela Frente Obrero Nacional Unido (FONU) [Frente Operária Nacional Unida], paralisou completamente o país por quatro dias e frustrou a tentativa de golpe militar:

> Quando, finalmente, o golpe militar contrarrevolucionário deixou escapar os principais criminosos e pôs em perigo todo o triunfo da revolução, a ação de massas, a greve geral em Havana e em outras regiões, foi um fator decisivo para esmagar o complô e criar as condições que permitiram às forças rebeldes ocupar Cabaña e Columbia, os dois quartéis mais importantes da ilha, sem disparar um único tiro, garantindo assim o triunfo completo, avassalador e sem compromissos de ordem política da Revolução.[25]

A greve geral é, portanto, a culminação da estratégia guerrilheira. Essa culminação também era defendida na concepção estratégica anterior e, por esse motivo, pode ser considerada como o ponto de convergência entre as duas concepções.[26]

---

[25] PSP. "Tesis sobre la situación actual". *Op. cit.*

[26] O uso das fontes documentais demonstra que não se justificavam observações como as de Paul M. Sweezy e Leo Huberman no sentido de que a classe trabalhadora urbana "não teria participado de forma importante no processo revolucionário anterior a 1959". Isso explica, segundo os autores, o fato de que "o Governo Revolucionário que tomou o poder nos primeiros dias de janeiro de 1959, depois do dramático colapso do regime de Batista, manteve uma relação paternalista com o povo de Cuba não por opção própria, mas devido à própria natureza da situação. E esta situação historicamente condicionada segue existindo até hoje". Sweezy, Paul; Huberman, Leo. *El socialismo en Cuba.* [México: Nuestro Tiempo, 1970], p. 181-182.

Segunda parte:
DA REVOLUÇÃO DEMOCRÁTICA À REVOLUÇÃO SOCIALISTA

Acervo do Memorial-Arquivo Vânia Bambirra

A REVOLUÇÃO DEMOCRÁTICA

A contradição entre o programa e a prática

De todas as análises realizadas nos capítulos anteriores, emergem elementos fundamentais para definir o caráter da Revolução Cubana.

É necessário ter em mente que "uma definição do caráter da revolução supõe a determinação do caráter da sociedade, isto é, o desenvolvimento e a coexistência dos modos de produção, bem como a análise de sua estrutura de classes". Mais ainda, como propôs Lenin, "é preciso ter em conta a relação entre classes e as particularidades concretas de cada momento histórico [...]". Essa consideração prévia é importante para destacar uma característica fundamental da metodologia marxista usada por Lenin, porque, a partir da determinação da natureza da sociedade, da estrutura e da relação entre as classes é que são definidos *os objetivos* da Revolução, ou seja, as tarefas a serem cumpridas; quais são *os inimigos* que enfrentarão; e, por fim, a força motriz, as classes revolucionárias que vão realizá-la e seus aliados entre outras classes e setores de classes. Somente ao lidar com esse tipo de metodologia é possível definir o caráter de uma revolução.

> Agora, é necessário fazer uma segunda consideração: embora seja verdade que essas três ordens de fatores devem ser lembradas – os objetivos, os inimigos e as forças motrizes da revolução –, seu

A REVOLUÇÃO DEMOCRÁTICA

caráter é dado, em última instância e definitivamente, pela classe
que vai tomar hegemonicamente o poder.[1]

Os principais objetivos do movimento revolucionário já foram
suficientemente explicados, bem como os inimigos e as forças motrizes da revolução. Todos esses elementos foram determinados pelas
características da economia e sociedade cubanas, bem como por sua
estrutura de classes.

Cuba foi o último dos países latino-americanos a alcançar a
independência política. Para isso foram necessárias duas guerras de
libertação, cujo resultado foi a destruição de uma parte importante da economia nacional, e se criaram as condições para a intensa
penetração do imperialismo norte-americano. Este, associado à oligarquia cubana, exerceu uma exploração intensa e sistemática dos
recursos básicos da ilha.

O sistema de dominação oligárquico-imperialista configurou
o capitalismo dependente em Cuba durante a primeira metade do
século XX, limitando a possibilidade de desenvolvimento das forças
produtivas e impedindo que se verificasse um processo de industrialização. Isso explica por que, em Cuba, uma burguesia nacional que
fosse a expressão dos interesses de desenvolvimento do capitalismo
industrial não chegou a se formar propriamente como tal. E é isso
que também explica por que os setores da pequena burguesia estão
sempre, historicamente, tentando assumir as perspectivas e oferecer
projetos industriais e de desenvolvimento nacional ao capitalismo
dependente cubano. Daí a inviabilidade dos projetos desenvolvimentistas pequeno-burgueses quando preconizavam a "independência
nacional" e o desenvolvimento industrial nos marcos do modo de
produção capitalista. Esse é o fator que gera contradições no interior

---

[1] Conf. o artigo "El carácter de la Revolución", que publicamos com o pseudônimo de Clea Silva em *Palmares, marxismo e revolução*. Santiago: PLA, 1972,
p. 4.

da concepção programática do movimento revolucionário e que opõe essa contradição à realização prática da revolução.

Tais contradições são claramente reveladas entre os aspectos sociais e econômicos do programa do M-26-7 e se expressam mais profundamente no momento de tentativa de implementação. De um ponto de vista geral, como já foi pontuado, a concepção programática do Movimento 26 de Julho, cuja primeira e mais autêntica expressão é *A história me absolverá,* visa implementar transformações no sentido de alcançar uma justiça social mais ampla, acabar com o desemprego, democratizar a educação, criar condições mais dignas de existência para as pessoas, pelo acesso à moradia, assistência médico-hospitalar, por uma maior participação dos trabalhadores na renda nacional etc. A solução de todos esses problemas, pelo menos teoricamente, não supera uma concepção democrático-liberal e não questiona, em si mesma, o funcionamento do capitalismo como um todo (embora apresente problemas insolúveis ao capitalismo, como o fim do desemprego). No entanto, as medidas infraestruturais que preconiza e a aliança de classes que vislumbra para implementar essas transformações são incompatíveis.

Em suma, *a Revolução Cubana demonstrou que a promoção do desenvolvimento econômico e social orientado no sentido de satisfazer as aspirações e necessidades do povo não pode ocorrer no marco do capitalismo dependente e deve necessariamente romper com a estrutura desse sistema e avançar para o socialismo.* É por isso que a prática revolucionária cubana teve que superar muito rapidamente as teses econômicas do Movimento 26 de Julho redigidas antes da vitória da revolução.

Embora essas teses não tenham sido elaboradas pela direção do Movimento, mas pelos economistas Felipe Pazos e Regino Boti,[2]

---

[2] Regino Boti era funcionário da Comissão Econômica para a América Latina (Cepal) e ocupou o cargo de Ministro de Economia durante o chamado Governo Provisório Revolucionário. Felipe Pazos foi presidente do Banco Nacio-

foram aprovadas como programa econômico e, por esse motivo, as levaremos em consideração. É importante citar algumas passagens desse documento – que, em geral, não obteve a atenção dos analistas da Revolução – a fim de fornecer antecedentes sobre o caráter democrático-burguês da concepção programática do Movimento.

O programa do M-26-7

Na introdução da tese, adverte-se que "esse plano só pode ser levado a cabo se receber o *apoio político organizado* de seus beneficiários: os grandes núcleos nacionais de trabalhadores, camponeses, profissionais, agricultores, comerciantes e industriais".[3] Aqui, o apoio político para realizar as transformações econômicas desejadas é assumido como condição *sine qua non* não apenas das classes dominadas, mas também da burguesia. A principal meta perseguida é o crescimento econômico do país, conforme expresso no documento: "De ordem econômica, o problema de Cuba é *crescer*".[4] A redistribuição de renda é vista como uma meta fundamental, mas, para todos os efeitos, subordinada ao crescimento econômico, porque se acreditava que:

---

nal durante o mesmo Governo e, à medida que o processo revolucionário foi avançando ao socialismo, passou às fileiras da contrarrevolução. Che referiu-se a ele, ironicamente, em 1961, em seu discurso de Punta del Este, quando Felipe Pazos já prestava seus serviços ao BID: "Se me permite o senhor Presidente, lamentarei profundamente, em nome da Delegação Cubana, ter perdido os serviços de um técnico tão eficiente como ele, que liderou esse Primeiro Grupo (referia-se à parte do temário da conferência sobre 'A Planificação do Desenvolvimento Socioeconômico e Social na A. L.'), o doutor Felipe Pazos. Com sua inteligência e capacidade de trabalho, e nossa atividade revolucionária, em dois anos Cuba seria o paraíso da latrina, mesmo que não tivéssemos sequer uma das 250 fábricas que estamos começando a construir e não tivéssemos feito a Reforma Agrária".

[3] "Pensamiento Económico (Tesis del Movimiento Revolucionario 26 de Julio)", in: *Pensamiento político, económico y social de Fidel Castro*. [La Habana]: Lex, 1959, p. 78.

[4] *Id., ibid.*, p. 78.

> Mesmo no caso extremo em que o governo confisque todos os lucros e os distribua entre os trabalhadores, isso não aumentaria substancialmente o padrão de vida da população e o poder econômico do país: isso seria redistribuir de forma infantil a renda nacional de Cuba, em si pequena, assim como quem distribui os pedaços de um bolo. Mais importante do que tudo isso é tentar conseguir *um bolo maior* para a Nação. Então cada um terá mais. [...] O principal é a ênfase da política governamental: se distributiva ou produtiva. Se é retirado um pedaço de bolo para distribuir pedacinhos, ou se conseguirmos fazer um bolo maior e, é claro, distribuído de forma mais justa. O governo democrático do 26 de Julho buscará zelosamente altos salários para o trabalhador e alta renda para seus cidadãos. Junto a essa política distributiva, de justiça social, será forçada a *fazer crescer a economia cubana*, desenvolvê-la, colocar a técnica na nova produção. Se não crescermos economicamente, *colocamos em perigo a nossa renda atual*. Se nossa economia permanece estagnada, enquanto a população do país continua aumentando, acabaremos morrendo de fome.[5]

Na citação, como em todo o documento, sua orientação desenvolvimentista é clara, revelando a influência do pensamento progressista da Comissão Econômica para América Latina (Cepal), e que preconiza o desenvolvimento do capitalismo nacional nos marcos democráticos e de justiça social. Deve-se enfatizar que não há nada de estranho nessa influência, porque, nessa época, em geral, a esquerda latino-americana teve uma nítida influência do pensamento da Cepal, embora às vezes despercebida. É evidente que esse pensamento ainda expressa uma concepção ingênua que supõe um desenvolvimento nacional harmonioso no qual todas as classes estariam comprometidas, uma vez eliminado o tumor maligno da sociedade – a tirania.

O documento tenta desmascarar algumas das falácias em "matéria econômica" como, em primeiro lugar, o fato de "a legislação trabalhista cubana impedir o desenvolvimento econômico". Mostra que o trabalhador "se apega ao seu emprego porque, se o deixa, não

---

[5] *Id.*, *ibid.*, p. 79, grifos no original.

teria mais onde conseguir emprego". O problema reside no fato de que "Cuba é um país com uma economia estagnada, com uma alta porcentagem de desemprego e subemprego e poucas fontes de trabalho".[6] Conclusão implícita: o desenvolvimento econômico eliminará as arestas entre patrões e trabalhadores. A segunda falácia mencionada é que "o *guajiro* cubano é indolente", e tenta demonstrar que essa é uma falsa explicação para o atraso agrícola: "o sistema de exploração, de expulsão de camponeses de suas terras, e os latifúndios [...] são as causas fundamentais do atraso de nossos campos e da miséria de nossos *guajiros*".[7] Finalmente, a terceira falácia consiste em afirmar que, "em Cuba, existem indústrias artificiais que o Estado não deve proteger".

Com esses argumentos, como nas considerações anteriores, busca-se conquistar a adesão dos setores empresariais ao programa econômico da revolução. É feita uma justificativa do protecionismo, que é uma das concepções básicas do programa: "O crescimento econômico de nosso país demanda uma proteção especial para as novas indústrias. Se o Estado subsidiar diretamente a indústria ou o consumo, de modo temporário, não faremos nada mais do que todas as nações desenvolvidas do mundo estão praticando".[8] São citados, por exemplo, os investimentos do "governo estadunidense que subsidiam suas indústrias".

O documento também se refere ao "malthusianismo *criollo*", ou seja, ao pessimismo econômico sustentado por quem não acredita nas possibilidades do progresso: "O malthusianismo tem muitos discípulos em Cuba, guerrilheiros recém-formados que não acreditam no futuro de nossa pátria. Batista é o principal malthusiano". Também são citados "senhores feudais da agricultura, usineiros míopes do açúcar, grandes importadores egoístas, empresas colonialistas e seus

---

6   *Id., ibid.*, p. 81.
7   *Id., ibid.*, p. 82.
8   *Id., ibid.*, p. 82.

apologistas".[9] Pode-se inferir a partir daí que são chamados de "malthusianos" os principais inimigos da revolução. Em seguida, o documento apresenta o "decálogo do malthusianismo", isto é, "o corpo de ideias do pessimismo *criollo* que define o pensamento econômico de Batista" e dos inimigos fundamentais da nação: 1) "a inalterabilidade da estrutura econômica cubana"; 2) "a intangibilidade das relações econômicas com os Estados Unidos"; 3) "a primarização e a industrialização" (quer dizer, "se defende como fórmula do progresso um plano de primarização da economia sem uma verdadeira reforma agrária. Uma economia agrária que assume primazia com relação à mencionada industrialização"); 4) "a infundada incapacidade de Cuba para a indústria pesada"; 5) "a lenda da necessidade de combustível em seu próprio solo"; 6) "a prostituição da estatística"; 7) "o mito da química e suas soluções mágicas" (a crença de que "os chamados subprodutos da cana, açúcar verde, mel desidratado etc. etc. acabarão com o 'tempo morto' e desencantarão a economia cubana"; 8) "a suposta ausência do capital cubano para financiar o desenvolvimento econômico nacional"; 9) "a duvidosa necessidade de capitais estrangeiros"; 10) "a prescrição interessada do intervencionismo estatal".[10]

A rejeição a cada um dos aspectos que compõem esse "decálogo" já revela, por si só, a concepção econômica básica que orienta o pensamento econômico da revolução. Porém, é ilustrativo citar alguns dos comentários que aparecem no documento, pois configuram algumas das premissas essenciais do programa revolucionário que orientará, em vários aspectos, a política econômica revolucionária em sua primeira etapa, que dura aproximadamente dois anos após a tomada do poder.

> Se a indústria açucareira não puder nos proporcionar um crescimento econômico progressivo [...], Cuba deve aumentar imediatamente sua produção interna, tanto em produtos para consumo nacional quanto

---

[9] *Id., ibid.*, p. 83.
[10] *Id., ibid.*, p. 84 e seguintes.

em bens de exportação. Essa será a orientação do Movimento Revolucionário de 26 de Julho, quando for governo. [...] Necessitamos, de uma forma audaz e urgente, da criação de indústrias de manufatura e indústrias transformadoras, que nos tornarão independentes das altas e baixas do açúcar, dando-nos outros benefícios subsequentes, como melhorias na balança de pagamentos, empregos com maior produtividade e maiores níveis de renda [...] Industrialização e primarização não devem se excluir mutuamente.

Sobre a promoção do desenvolvimento industrial, afirma-se:

A criação de indústrias pesadas, semipesadas e leves exige, ao país, os maiores esforços e dificuldades; mas tudo pode ser salvo se partimos da premissa de que Cuba efetivamente tem mão de obra hábil, empreendedores capazes, recursos naturais e pequenas poupanças.[11] Com decisão patriótica e mediante a formulação de um plano racional, Cuba pode buscar obter recursos adicionais, assistência técnica, capital suplementar etc., como fizeram muitas pequenas nações europeias. [...] Cuba tem capitais em quantias apreciáveis que devem ser considerados antes de importar investimentos não cubanos. É dever do futuro governo democrático de 26 de Julho fazer um inventário de nossos capitais, tentando aplicá-los antes de comprometer nosso futuro econômico e político com a importação de capitais. [...] Os cubanos compram valores, ações e títulos de corporações estrangeiras, principalmente estadunidenses. Os cubanos fazem investimentos diretos nos Estados Unidos (Miami, Nova York etc.) Os cubanos fazem investimentos diretos em países da bacia do Caribe (Venezuela, Honduras etc.). Nós, cubanos, mantemos dólares no Banco Nacional. A posse desse papel-moeda implica um empréstimo de seu detentor para a economia estadunidense. Toda essa poupança nacional que exportamos, o governo democrático poderá canalizar para o financiamento de nosso desenvolvimento econômico *se as atrações necessárias forem oferecidas aos detentores desse dinheiro*.[12]

Em relação ao investimento estrangeiro, sugere-se que:

[...] poderia ser demandado na seguinte ordem de preferência: a) empréstimos de organizações públicas internacionais ao governo;

---

[11] Não está claro o que se quer dizer com a expressão "pequenas poupanças" (*capitales de ahorro inferior*). Pode ser que esteja referindo-se às poupanças dos assalariados, assim como dos pequenos e médios empresários.

[12] *Id., ibid.*, p. 89-90, destaques nossos.

> b) empréstimos de governo a governo; c) investimentos privados estrangeiros como empréstimos ao governo, para investimento direto ou empréstimos a empresários; d) investimento privado estrangeiro participando de forma minoritária em empresas nacionais; e) investimentos privados estrangeiros sob o controle da empresa nacional [...] [e acrescenta-se que] o governo deve sempre escolher o tipo de indústria a estabelecer, além de impedir a concorrência ao empresário nacional, que deve ser protegido.

Como se pode notar, a orientação do programa não deixa margem para dúvidas: trata-se de promover o desenvolvimento do capitalismo nacional, com base no protecionismo e no estímulo direto à indústria cubana para promover o processo de "substituição de importações". "Cuba pode ter um Estado eficiente e honesto que, com sua ação, estimule, proteja, financie, combata ou substitua a empresa privada e nos torne mais prósperos. Esse é o propósito do Movimento 26 de Julho".

Com base em todas essas premissas, é assentado um "plano de desenvolvimento econômico completo que deverá ser executado com a assistência e a adesão das maiorias nacionais ao recuperarem sua liberdade política". O ponto de partida desse plano é a necessidade de uma "planificação econômica democrática".

Sem discriminar as diferenças qualitativas entre o modo de produção capitalista e socialista (o único que permite a implementação de um sistema nacional de planificação), sustenta-se que:

> [...] as técnicas de desenvolvimento econômico nos países escandinavos, Grã-Bretanha, URSS e nos próprios Estados Unidos, sobretudo na última Guerra Mundial, são cada dia mais eficazes. A própria experiência de desenvolvimento de alguns países latino-americanos (subdesenvolvidos como Cuba) que receberam cooperação científica da Cepal, como Brasil, Chile e Argentina, já é uma conquista e não uma especulação. Por todas essas razões, podemos defender com veemência que Cuba rejeite a tese da espontaneidade e aceite até as últimas consequências uma planificação estatal para realizar seu desenvolvimento econômico.[13]

---

[13] *Id., ibid.*, p. 94-95.

Não se trata aqui de discutir os equívocos dessa abordagem, sobretudo no que se refere aos êxitos dos conselhos da Cepal nas políticas de desenvolvimento dos países latino-americanos e às "conquistas" alcançadas por eles. O que importa aqui é destacar, mais uma vez, a influência que a concepção desenvolvimentista dessa instituição teve sobre o programa do movimento revolucionário em seu "modelo" de desenvolvimento e em suas metas, que são inequivocamente inseridas nos marcos de uma concepção democrática burguesa e nacionalista.

> O Estado democrático, mesmo fixando objetivos revolucionários, pode elaborar as técnicas de ação social necessárias e adequadas para atingir seus máximos objetivos, sem apelações à violência sobre grupos dissidentes, classes sociais insatisfeitas, grupos de interesses particulares e outras minorias.

Estão evidentes os pressupostos progressistas, nacionalistas, democráticos, desenvolvimentistas e, por que não dizer, utópicos, contidos no primeiro programa econômico da Revolução Cubana, informado pelo pensamento da Cepal. Pois bem, se esse programa é a expressão dos objetivos do M-26-7 em um momento histórico específico e breve é porque representa a possibilidade de entroncamento, na Revolução Cubana, de duas linhas de pensamento: o democrático-nacionalista, martiano, e o progressista latino-americano, desenvolvimentista. Como veremos adiante, esse programa será radical e rapidamente superado. Ambos são a expressão do caráter democrático-burguês do primeiro estágio da Revolução. Contudo, é necessário manter a devida proporção entre a importância que ambos tiveram no curso do processo revolucionário. Essa diferença é enorme. Como discutiremos mais adiante, a concepção desenvolvimentista será definitivamente superada à medida que a revolução evoluir em direção ao socialismo, enquanto o pensamento de Martí perdurará. Isso porque o pensamento de Martí é um pensamento democrático avançado, com um amplo senso de participação social. A Revolução Cubana superará a concepção de ordem social e equilíbrio entre as classes de Martí, mas resgatará seus aspectos heroicos, guerreiros, latino-americanistas e anti-imperialistas. Nesse sentido, o pensamento do *gran maestro* acompanhou e serviu de orientação aos revolucionários cubanos em dois momentos qualitativamente distintos do processo revolucionário: na etapa democrática e na socialista.

Antes de concluir as considerações sobre o programa econômico do M-26-7, é importante destacar alguns dos objetivos de sua política de desenvolvimento, que serão amplamente implementados após o triunfo da Revolução. É, por exemplo, o caso da política de diversificação agrícola, já defendida: "Cuba cresce, estagna ou decresce de acordo com a oscilação do preço do açúcar. Portanto, o objetivo é claro e transparente para todos: diversificar nossa produção nacional".[14] O plano estabeleceu como metas: "1ª) eliminação do desemprego e do subemprego atuais [...]; 2ª) conferir uma participação crescente aos empresários e ao Estado cubano na riqueza nacional; 3ª) buscar uma redistribuição da renda nacional de acordo com os princípios da Justiça Social". Como foi discutido anteriormente, a segunda meta não foi cumprida e a terceira foi alcançada apesar de por "Justiça Social" entender-se a justiça revolucionária, a justiça das classes dominadas, que foi a aplicada em Cuba. Quanto à participação de empresários, propôs-se que "o mesmo Estado poderá nacionalizar empresas, como a de serviços públicos, *entregá-las a empresários cubanos*, ou socializá-las, reservando-as para si e operando-as".[15] O segundo critério, é claro, foi o único adotado posteriormente.

O programa também fazia um balanço da disponibilidade de capital para financiar o desenvolvimento e estimava que "o crescimento econômico teria um ritmo (taxa) de 7,5%, ou seja, que a economia cubana cresceria e seria, a cada ano, cerca de 7,5% maior que

---

[14] *Id., ibid.*, p. 95.
[15] *Id., ibid.*, p. 97, destaques nossos.

no ano anterior". Cálculos como esse, extravagantemente otimistas, fundamentavam a conclusão de que, no ano de 1968, "Cuba terá um nível de vida mais alto do que a França, a Itália, a Tchecoslováquia e todos os países latino-americanos". Naturalmente, a Revolução Cubana – como, aliás, todas as outras grandes revoluções sociais – teve que enfrentar uma série de problemas econômicos e sociais e sua infraestrutura não foi capaz de crescer de acordo com esses cálculos, que se baseavam em uma concepção de desenvolvimento rapidamente superada pela prática revolucionária, e que se tornou contraditória em relação a muitos aspectos de seu próprio programa.

Aqui convém indagar como o caráter do primeiro programa econômico do M-26-7 deve ser interpretado. Dado seu caráter obviamente democrático-burguês, pode existir a tendência de interpretá-lo como um programa aceito pela liderança do movimento revolucionário por razões de ordem meramente tática. A imagem atual da liderança revolucionária cubana – profunda e, consequentemente, socialista – inibe um olhar pelo retrovisor até os estágios iniciais da revolução e torna difícil admitir que esses mesmos homens compartilhavam os postulados de tal programa.

Não conhecemos nenhum pronunciamento posterior dos dirigentes revolucionários sobre esse programa em especial, embora existam vários pronunciamentos de alcance político e econômico mais gerais (que serão citados oportunamente) e que não são contraditórios aos seus pressupostos fundamentais. Perguntar se a direção revolucionária aceitou sinceramente esse programa – isto é, se estava convencida de que esse era definitivamente o caráter que a revolução deveria adotar e assentar-se nele, ou se esse era um programa aceito conjunturalmente, com o objetivo de ganhar a adesão de setores das classes dominantes para romper com elas em seguida – é formular um falso problema. É um falso problema porque a tática revolucionária não é definida meramente em função do que é mais ou menos oportuno em um determinado momento. Ela deve, necessariamente, ter uma correspondência profunda com a situação histórica concreta, segundo a qual são dados os limites e as possibilidades que vão configurar o caráter de uma revolução. Isso não é definido arbitrariamente, mas é estabelecido a partir das possibilidades econômicas, políticas e sociais e da correlação de forças entre classes sociais no processo revolucionário. O mérito de uma direção revolucionária manifesta-se em sua capacidade de fazer uma "análise concreta de uma situação concreta", saber compreender as etapas intermediárias de um processo revolucionário e em orientar a ação revolucionária pelo atalho mais curto que supere mais rapidamente os estágios preliminares, conduzindo o povo às grandes transformações e à construção de uma sociedade radicalmente nova.

Esse é o mérito de Lenin em suas análises de 1905, quando propunha a necessidade de um "Governo Revolucionário Provisório" e a "República", e levantava a bandeira da "ditadura revolucionária democrática do proletariado e do campesinato". Em 1917, no entanto, no período que vai de fevereiro a outubro, Lenin soube perceber que já estava cumprindo-se a etapa democrática e que as circunstâncias peculiares do momento histórico abriam passagem à revolução socialista. Esse mesmo mérito é encontrado na formulação de Mao Zedong da "Nova Democracia" e, finalmente, o mesmo pode ser dito de Fidel Castro, que defendeu o "Governo Democrático do M-26-7" durante os anos da guerra revolucionária e na primeira fase da Revolução. Não há, portanto, nenhuma razão – muito pelo contrário – para esconder ou rejeitar *a posteriori* essa etapa necessária, no caso cubano, da revolução democrático-burguesa. Apenas compreendendo profundamente uma revolução se pode distinguir suas especificidades e extrair delas todos os seus ensinamentos. Lenin demonstrou como a revolução democrática é a antessala do socialismo.

> Quem quer ir ao Socialismo por outro caminho que não é o do democratismo político chegará infalivelmente a conclusões absurdas e reacionárias, tanto no sentido econômico quanto político. [...] O marxismo não ensina o proletariado a ficar à margem da revolução burguesa, a não participar dela, a entregar sua direção

à burguesia, mas ensina, ao contrário, a participar dela da forma mais enérgica e a lutar com a maior determinação pela democracia proletária consequente, para levar a revolução até o fim.

E, referindo-se ao caso russo, acrescentou:

> Não podemos pular o marco democrático-burguês da revolução russa. Mas podemos ampliar em proporções colossais esse marco. Podemos e devemos, nos limites dele, lutar pelos interesses do proletariado, pela satisfação de suas necessidades imediatas e por condições de preparação de suas forças para uma vitória futura completa.[16]

Não foi por outra razão que Lenin insistiu na caracterização rigorosa da revolução. Essa é, para ele, a condição para definir a tática a ser empregada e compreender sua forma de superação por meio da abertura de um estágio revolucionário superior. Por isso, afirmou enfaticamente:

> A revolução democrática é burguesa. A bandeira do *reparto negro* ou da terra e liberdade – essa palavra de ordem muito difundida entre a massa camponesa ignorante e oprimida, mas que busca apaixonadamente luz e felicidade – é burguesa. Mas nós, marxistas, devemos saber que não há e não pode haver outro caminho para a verdadeira liberdade do proletariado e dos camponeses além do caminho da liberdade burguesa e do progresso burguês. Não devemos esquecer que, nesse momento, não há e não pode haver outro meio de aproximar o socialismo que o da liberdade política completa, a república democrática, a ditadura democrática revolucionária do proletariado e dos camponeses. Como representantes da classe de vanguarda, da única classe revolucionária sem reservas, sem dúvidas, sem olhar para trás, devemos propor diante de todo o povo da forma mais ampla, mais ousada e com a maior iniciativa possível, as tarefas da revolução democrática. O menosprezo dessas tarefas é, teoricamente, uma caricatura do marxismo e uma adulteração filisteia dele, e, de um ponto de vista político prático, significa entregar a causa da revolução nas mãos

---

[16] Lenin, V. I. "Dos tácticas de la socialdemocracia en la Revolución Democrática", *in: Obras escogidas*. Moscú: Ediciones en Lenguas Extranjeras, [*s.d.*], p. 560-561.

da burguesia, que inevitavelmente se afastará da consequente realização da revolução.[17]

A partir desse raciocínio, Lenin concluiu que

a vitória completa da revolução atual será o fim da revolução democrática e o começo da luta decisiva pela revolução socialista. [...] Quanto mais completa for a revolução democrática, mais rápida, ampla e resoluta se desdobra essa nova luta.[18]

---

[17] "Reparto negro" refere-se à divisão da propriedade da terra. Conf. em Lenin, V. I. "Marx y el reparto negro norteamericano", *in: Obras escogidas*. Moscú: Progreso, 1973. p. 180-182. (N.S.T.)

[18] Lenin, V. I. "Dos tácticas de la socialdemocracia en la Revolución Democrática", *in: Obras escogidas*. Moscú: Ediciones en Lenguas Extranjeras, [*s.d.*], p. 576.

SOBRE O CARÁTER DA REVOLUÇÃO

Sartre: as origens do "foquismo"

De maneira consciente, não se considerou neste trabalho – a não ser de forma marginal – o que foi escrito sobre a Revolução Cubana por outros analistas. Devido aos objetivos de reinterpretação de toda uma série de mitos que foram criados em torno da Revolução e que se cristalizaram como se fossem sua verdadeira história, preferimos usar, em geral, fontes documentais primárias. Ou seja, os documentos oficiais do movimento revolucionário e/ou pronunciamentos, relatos e discursos dos principais atores ou participantes diretos do processo revolucionário. Além disso, também usamos artigos sobre temas específicos escritos por alguns dos jovens cientistas sociais cubanos que têm acesso mais direto a várias fontes documentais.

Contudo, a importância particular do livro de Jean-Paul Sartre sobre Cuba[1] nos obriga a fazer algumas considerações a seu respeito. Sartre esteve em Cuba alguns meses após o triunfo da Revolução. Foi um dos primeiros intelectuais de prestígio mundial a escrever sobre a revolução e a apoiá-la com entusiasmo. Mas,

---

[1] Sartre, Jean Paul. *Visita a Cuba*. [La Habana]: Ediciones, 1960. Nesta edição, se incluem: "Ideología y Revolución", "Una entrevista con los escritores Cubanos" e "Huracán sobre el azúcar".

muito mais importante, foi um dos primeiros a tentar "teorizar" sobre ela, embora seus escritos tenham tido, sem dúvida, um corte jornalístico. Devido, em grande parte, ao brilhantismo do autor aliado à verdadeira paixão que sentiu pela Revolução, seu livro teve, sem dúvida, uma grande influência na interpretação que foi desenvolvida no exterior sobre a Revolução Cubana, e, inclusive, deve haver exercido influência no interior de Cuba.

É claro que, no livro de Sartre, existem erros de interpretação que são de caráter secundário, considerando-se que ele não é especialista em assuntos latino-americanos e muito menos cubanos. Por exemplo, abordagens tais como: "em 1900, Cuba mal havia saído do feudalismo"[2] estão incorretas, mas como não são originais ninguém pode encarar como absurdos se repetidos por um intelectual francês que se dedicou fundamentalmente à filosofia e à literatura.

No entanto, existem dois tipos de deformações que precisam ser destacadas. Em primeiro lugar, a que se refere às origens e ao caráter do movimento revolucionário, cuja gravidade reside no fato de que Sartre, de uma maneira ou de outra, foi, talvez, um dos mais importantes precursores do que mais tarde seria conhecida como "teoria do foco". Essa concepção já emerge nitidamente em seus escritos: "Era dois de dezembro de 1956. Naquele dia, sem aviso prévio, começou a Revolução". Segue-se um breve relato sobre o desembarque do Granma sob o título de "um punhado de homens". Esse relato curto, belo, cujo estilo se enquadra entre a descrição e a prosa poética, contribui decisivamente para a criação do mito de que a Revolução tem como ponto de partida o heroísmo solitário de 12 homens. "Um punhado de homens alcançou o topo da Serra Maestra, a cadeia mais alta da ilha, e se escondeu

---

[2] *Id., Ibid.*, p. 90.

entre as nuvens que cercam permanentemente seus cumes".[3] Verdade? Sim, claro, verdade! Porém, parcial...[E prossegue Sartre:]

> Desde 1957, haviam sido estabelecidos contatos: os rebeldes da *sierra* encontraram *amigos* em Santiago, em Santa Clara e na capital. A organização clandestina tinha que ser posta em marcha [...]. *Assim nasceu*, em todas as aglomerações urbanas, um movimento secreto que se chamou M-26-7, Movimento do 26 de Julho. Em um 26 de julho, quatro anos antes, Castro havia assaltado o quartel Moncada. O M-26-7, sem nenhuma dúvida, foi definido *relacionado a este evento*.[4]
>
> [...]
>
> Ao constituir-se, o M-26-7 aceitou, desde pronto, subordinar a resistência clandestina à insurreição armada; mas, no começo, essa corrente era frágil: Os rebeldes eram tão poucos! Estavam tão distantes e tão escassos! Se caíssem em uma emboscada, se sucumbissem, a jovem burguesia poderia imaginar que a organização, ramificada em todas as populações, sobreviveria a eles e levaria sua tarefa a um bom final. Mas não sucumbiram: suas tropas aumentaram e venceram suas primeiras batalhas. [...] a sentença que a própria revolução fazia recair sobre seus partidários nas cidades: eram auxiliares indispensáveis, mas não deveriam sair de sua função: o dinheiro, as armas e nada mais.[5]

Demonstramos nos primeiros capítulos desse trabalho a falsidade sobre a interpretação da história do M-26-7 que subordina o papel da organização urbana à luta guerrilheira. É dispensável, portanto, determo-nos aqui em uma discussão crítica de Sartre, o que resultaria apenas na repetição dos argumentos com base nas evidências documentais citadas anteriormente. Contudo, é imprescindível destacar essas deformações de caráter histórico, pois são elas que servem de base para a compreensão que este autor tem da ideologia do movimento revolucionário. É na análise desta que Sartre pretende dar sua contribuição teórica sobre a análise da Revolução.

---

[3] *Id., ibid.*, p. 71-72.

[4] *Id., ibid.*, p. 121, grifos do autor.

[5] *Id., ibid.*, p. 126.

Para Sartre, a ideologia da Revolução é resultado de sua prática.[6] "É muito certo que a prática cria a ideia, que a esclarece".[7] "Bastará responder àqueles que se perguntam: farás o socialismo? que a prática definirá ela mesma sua ideologia".[8]

Dessa forma, Sartre não define a ideologia da Revolução por meio de uma análise de classe do movimento revolucionário (que se expressa pelas orientações contidas em seu programa, suas bandeiras, enfim, por sua concepção estratégica e tática). Em vez disso, extrai sua definição meramente da consideração das ações concretas realizadas na prática revolucionária. De acordo com o método sartreano:

> os primeiros elementos dessa nova teoria (ideologia revolucionária) foram dados pela prática: Fidel Castro desembarcou um dia na ilha e subiu a Sierra. O heroísmo romântico daquele desembarque cobriu com um véu brilhante o outro aspecto de sua tentativa: o rigoroso desenvolvimento de um pensamento que, ao mesmo tempo, inventava suas conclusões e seu método. De modo que as primeiras ideias, os princípios da doutrina, foram desenvolvidos à sombra e foram ganhando os espíritos sem que esses se dessem conta.[9]

O que existe, então, é *a* ideologia da Revolução que evolui, transforma-se e regenera a si mesma. Seu movimento é dado pela "radicalização da ideologia (que) também é alcançada pela prática".[10] Isso acontece porque "querendo esmagar a Revolução, o inimigo

---

[6]   Osvaldo Dorticós, em palestra realizada em 14 de junho de 1961 no Teatro de Minfar, sob o título "Relación entre los cambios económicos y políticos en la sociedad cubana", afirma sobre Sartre: "ele queria dizer que era uma Revolução que estava desenvolvendo-se na prática dos acontecimentos sem ter sido precedida por uma teoria revolucionária. Isso é o resultado da impressão que, durante a sua estadia em nosso país, este e outros intelectuais que nos visitaram experimentaram. Nós poderíamos dizer que essa afirmação contém alguma verdade, mas apenas uma verdade relativa [...]".

[7]   *Id.*, *ibid.*, p. 17.

[8]   *Id.*, *ibid.*, p. 6.

[9]   *Id.*, *ibid.*, p. 10.

[10]   *Id.*, *ibid.*, p. 13, 14.

a permitirá converter-se no que era".[11] Ou seja, de acordo com a concepção da práxis sartreana, não importa distinguir e especificar as características de classe que definem o primeiro estágio do pensamento e da ação revolucionários. Desconhece o ataque ao Moncada e o primeiro programa da Revolução expresso em *A história me absolverá*; desconhece os fundamentos históricos e teóricos em que se baseia a concepção insurrecional urbana; desconhece a prática da organização do M-26-7. Faz um corte arbitrário na história, tomando o desembarque do Granma como começo do processo revolucionário e não como um de seus pontos altos. Desprezando a análise de seu caráter de classe, concentra-se em sua pura prática, ou melhor dizendo, em um aspecto *parcial* de sua prática. A evolução da ideologia da revolução – democrática a socialista – é, para ele, um processo contínuo, sem rupturas, sem mudanças de qualidade, porque, afinal de contas, "o inimigo a permitirá converter-se no que era". Essa conversão é, em certa medida, uma adaptação. "A Revolução Cubana deve adaptar-se constantemente às manobras inimigas. Acaso as medidas de contragolpe darão origem a uma contraideologia?".

O autor relata que, conversando com líderes revolucionários:

> fiz perguntas sobre suas vidas, sobre a evolução de seu pensamento. Todos me disseram que a revolução os havia arrastado muito além de suas posições primitivas. Ocorreram confrontos violentos e tiveram que enfrentar realidades severas: alguns de seus antigos amigos não haviam seguido o movimento; outros, a princípio relutantemente, radicalizaram-se.[12]

A "radicalização" da revolução foi o produto de uma luta de classes implacável. Em meio a essa luta, uma etapa foi cumprida – a democrático-burguesa – e uma nova foi aberta: a socialista. A superação de uma pela outra engendra a superação de seu reflexo

---

[11] *Id., ibid.*, p. 8.
[12] *Id., ibid.*, p. 6-7.

superestrutural, ou seja, determina uma mudança de qualidade na ideologia revolucionária. É a vinculação da ideologia à luta de classes que se encontra em falta na análise sartreana. Nesse tipo de análise "praticista", pode-se encontrar uma das origens da concepção "foquista", da qual Sartre foi um dos precursores.

A abordagem do Partido Socialista Popular

Em geral, não se conhecem muito bem as posições do Partido Socialista Popular de Cuba (PSP) no processo revolucionário. A importância de sua atuação nem sempre foi suficientemente destacada pelos analistas da Revolução. Isso se deve, em parte, objetivamente, ao fato de o movimento revolucionário ter sido liderado pelo M-26-7. Nesse sentido, a participação do PSP estava subordinada. Mas também devido a outros fatores, por exemplo, os preconceitos contra os partidos comunistas, seja entre os setores liberais, seja por setores da esquerda.

A participação do PSP, embora já fosse importante na guerra revolucionária, destaca-se progressivamente a partir da vitória da Revolução – ainda que a direção central permaneça inquestionavelmente nas mãos dos líderes revolucionários do M-26-7 e, particularmente, de Fidel Castro, desde a queda do gabinete de Manuel Urrutia. A importância da participação do PSP evidencia-se não apenas pela colaboração de seus militantes no governo, mas também pela participação nas Organizações Revolucionárias Integradas (ORI), que foi a primeira tentativa de unificar as organizações políticas de vanguarda com vistas a constituir a base partidária da revolução; depois no Partido Unido da Revolução Socialista (PURS) e, finalmente, quando se forma o novo Partido Comunista.

Em todos esses momentos, a organização partidária que o PSP possuía foi, sem dúvida, uma das bases sólidas da revolução. Naturalmente isso deveria se dar assim, pois, apesar dos erros históricos cometidos por esse partido – que em várias ocasiões reconheceu e pelos quais fez a autocrítica –, o PSP era a organização política que possuía a mais antiga tradição socialista em Cuba e enraizamento relativamente importante entre a classe trabalhadora. Assim, sua contribuição em matéria de quadros com experiência orgânica e com uma formação socialista básica não pode ser menosprezada. É claro que, em uma situação revolucionária tão profunda quanto a que Cuba vivia, o desenvolvimento da consciência revolucionária é produzido de forma verdadeiramente vertiginosa. E isso também explica por que, em um período muito curto, uma grande massa de quadros do M-26-7 e de revolucionários em geral adquiriu uma formação e, sobretudo, um comportamento marxista.

Apesar disso, apenas um absurdo preconceito antipartido comunista pode desmerecer a contribuição do PSP ao avanço e consolidação do processo revolucionário. Houve, certamente, resistências à incorporação do PSP à revolução. Essas resistências explicavam-se ou pelos preconceitos anticomunistas por parte de membros do M-26-7 – que foram sistematicamente superados pela ação dos líderes revolucionários, em particular, por Fidel, Che, Raúl e outros – ou, especialmente nos primeiros meses após o triunfo, por parte dos setores liberais. As resistências também se explicavam, parcialmente, e perduraram durante um período maior, devido à ação, por vezes sectária, de setores do próprio PSP, por exemplo, a fração de Aníbal Escalante, que foi finalmente extirpada da revolução.

Tendo feito essas ponderações, passaremos a analisar alguns aspectos da análise do PSP sobre o caráter da Revolução Cubana.

Esse partido publicou, em janeiro de 1959, suas *Teses sobre a situação atual*. Vale a pena citá-las extensamente, pois são uma excelente análise da verdadeira situação revolucionária que se criou em janeiro de 1959 e, nesse sentido, dispensam qualquer novo esforço para definir o colapso do antigo poder e constituição do novo.

As teses afirmam que:

Sobre o caráter da revolução

o poder passou para as forças rebeldes *encabeçadas e dirigidas por Fidel Castro e seu Movimento 26 de Julho, que estavam compostas em cerca de 90% por camponeses, trabalhadores agrícolas, trabalhadores da cidade e estudantes de todas as tendências revolucionárias.* Essas forças tomaram o poder *sem ter as mãos atadas por nenhum compromisso, após a destruição de toda a estrutura dos órgãos do poder militar e civil anterior*: não restam comandos ou forças organizadas representantes do regime passado. As forças armadas estão *completamente* nas mãos das forças rebeldes e de seus comandantes, e os cargos civis do poder passam para as *mãos daqueles a quem designam ou aprovam.*

[...]

Politicamente, o governo provisório constituído com a *promoção de Fidel Castro [...] é o mais livre* no sentido de que sua atuação ou decisão não estão sujeitas a nenhuma outra força que não seja o Exército Rebelde e as organizações revolucionárias e sociais, únicas remanescentes e ativas neste momento no plano nacional. *O governo provisório tem forças armadas novas à sua inteira disposição; sua atuação não está restringida por nenhuma lei ou Constituição, a não ser aquelas que ele deseja estabelecer ou reconhecer.* [...]

Nunca antes, em nenhum momento da história de Cuba, houve um governo com tal liberdade, e tamanhas possibilidades para decidir e atuar. As condições políticas criadas são tais que o governo provisório pode agir e decidir sem outras limitações além do seu próprio programa, das orientações ou pressões das organizações revolucionárias e da mobilização popular, que tanto e tão seriamente podem influenciar a situação. [...]

A revolução trouxe um deslocamento de homens no poder, mas também de classes e forças sociais. A tirania estabelecida pelo *madrugonazo*[13] era, pois, um governo direta e incondicionalmente a serviço do imperialismo, das corporações e bancos estrangeiros, dos latifundiários, dos comerciantes importadores e dos grandes magnatas do açúcar e de outras produções [...] Por isso, sempre o caracterizamos como um governo antinacional, antitrabalhador e antipopular.[14]

---

[13] "*Madrugonazo*", segundo o Dicionário da Real Academia Espanhola: "m. Cuba y Ven. Asonada militar". (N.S.T.)

[14] Essas teses foram publicadas no jornal *Hoy*, órgão do PSP, em 11 de janeiro de 1959. Destaques nossos.

Essa análise é rigorosa do ponto de vista da enumeração das classes revolucionárias e dos principais inimigos da revolução, mas é particularmente importante como caracterização de uma situação revolucionária na qual se ressalta a ruptura da antiga ordem, ou seja, a destruição do aparato militar e civil do regime anterior e a disponibilidade *total* de poder criada para o novo governo revolucionário. O documento do PSP representa um modelo de análise do fenômeno chamado revolução social em seu sentido mais completo.

Quanto às implicações que a Revolução tem para o imperialismo, no documento há uma consciência clara de que "a derrota da tirania também foi uma derrota do imperialismo ianque e de seus lacaios". Em relação ao governo provisório, afirma que "a composição social dos homens que o integram é, fundamentalmente, pequeno-burguesa; são representantes da pequena burguesia, da média burguesia (profissionais, industriais, camponeses ricos etc.) e proprietários de terras que não são latifundiários". Para o PSP:

> tais forças sociais, como é sabido, embora não se submetam ao imperialismo e a ele resistam, defendendo seus interesses e a independência nacional, não *se decidem por uma luta revolucionária contra o imperialismo, vacilam diante das medidas econômicas e sociais que devem ser adotadas para levar adiante a emancipação nacional, o desenvolvimento econômico e o progresso social. Essas forças são limitadas em sua orientação anti-imperialista e revolucionária por seu afã em conservar a todo custo o regime capitalista.*

Essas justas considerações e advertências logo serão confirmadas na prática, quando o governo provisório e seu gabinete se mostrarem incompatíveis com a necessidade de avanço do processo revolucionário. No entanto, tal incompatibilidade foi resolvida em favor da Revolução com a dissolução do gabinete do governo provisório. Isso foi possível porque, como o mesmo documento propõe, "do ponto de vista social, *o novo poder recém-estabelecido se baseia nas forças populares* [...] embora o controle e a hegemonia sejam exercidos, agora, pela burguesia nacional e pela pequena burguesia".

As teses também destacam a inviabilidade da contrarrevolução, uma vez que "com o regime colapsado, não resta força organizada que possa fazer alguma resistência séria ou tentar um golpe de Estado ou militar com possibilidade de êxito." Porém, chamam a atenção para o fato de que

> "embora toda a estrutura em que se assentava o poder da tirania, no que diz respeito à ordem política, tenha sido destruída, o mesmo não ocorreu na ordem econômica e social [...] A base social interna que engendra e sustenta a tirania antinacional, antipopular e antioperária mantém intacto todo o seu poder econômico e, consequentemente, sua influência social e política". E o documento continua a apresentar com completa lucidez que:

> excepcionalmente, alguns membros dessas grandes classes (latifundiários, empresas e bancos estrangeiros, grandes comerciantes exportadores, os grandes magnatas do açúcar e os grandes exploradores em geral, que contam com o apoio imperialista) podem ter dado algum apoio econômico à revolução. Mas isso não muda a essência do problema sobre o caráter e a atitude dessas classes tomados de conjunto.

E conclui que:

> somente se a revolução não permanecer no meramente político, mas avançar até as medidas econômicas para mudar a estrutura semicolonial do país, pode se extirpar o perigo que esses setores sociais reacionários representam. Enquanto eles mantiverem sua posição privilegiada atual, haverá o perigo do retorno da reação política, da tirania e de todos os erros que terminamos por passar.

Portanto, o PSP argumenta que:

> a revolução destruiu; agora deve começar a construção e a reconstrução, *ao mesmo tempo que completa sua tarefa de destruição* [...] deve concluir esse trabalho de destruição atacando toda a ordem 'jurídica' e 'legal' da tirania, abolindo todas as suas leis representativas e antidemocráticas e os odiosos instrumentos de repressão reacionária que ainda subsistem como o SIM, o BRAC

etc. [...] concluir a dissolução do aparato político batistiano com a punição de seus membros e cúmplices.

Em relação ao Exército, o PSP afirma que "a questão civil-militar não faz sentido: o Exército Rebelde é o próprio povo" e que, portanto, não deve ser colocado "no mesmo plano que os constituídos sobre bases reacionárias", rejeitando assim "a separação hipócrita e aparente das forças armadas dos problemas políticos".

Em relação às tarefas imediatas, enfatiza-se a importância da Reforma Agrária e da restauração da Constituição de 1940, mas se insiste no "direito do povo de modificá-la para que sirva melhor aos seus interesses". A esse respeito, destaca-se a necessidade de "modificar o projeto que estabelece a indenização prévia e em espécie nos casos de confisco de propriedades".

Finalmente, as teses proclamam que:

> o PSP apoia o novo poder, embora considere *incorreta e insuficiente a composição política do governo provisório e demanda que as mudanças necessárias sejam feitas para torná-lo um governo provisório revolucionário de ampla coalizão popular, que tenha em seu seio não apenas representantes da burguesia, mas também do campesinato e do proletariado.*

Esse documento foi assinado pela Secretaria Executiva do Comitê Nacional do PSP. Dele, se depreende claramente como o partido analisou o caráter da revolução no momento imediato do trinfo. No entanto, é importante citar também algumas partes do artigo de Blas Roca, que era então seu líder máximo, escrito após a VIII Assembleia Nacional do partido, realizada em agosto de 1960. Nesse documento, escrito mais de um ano após o triunfo, fica mais explícita a conceituação teórica da Revolução.

> No início, uma certa dualidade foi criada entre o poder revolucionário, representado pelo Exército Rebelde e seu líder indiscutível, Fidel Castro, e o governo provisório, que detinha o poder formal. No gabinete, predominava a direita e, entre seus componentes,

havia *plattistas*[15] e retrancos, como Urrutia, o presidente; Roberto Agramonte, Ministro das Relações Exteriores; Miró Cardona, premier, e outros. No Exército Rebelde, predominava a esquerda, predominavam os elementos anti-imperialistas resolutos, revolucionários determinados e sinceros.[16]

Em seu artigo, Blas Roca afirma que "um dos problemas que mais causou especulações e campanhas de confusão foi o caráter da revolução cubana" e acrescenta:

> Os imperialistas e contrarrevolucionários mais raivosos asseguram que a revolução cubana é Comunista [...] outros elementos que simpatizam com a revolução [...] qualificam a revolução cubana das mais diversas formas e até como algo único e singular. [...] A Assembleia Nacional ratificou as definições que a Plenária do Comitê Nacional do Partido realizou em maio de 1959 sobre a questão, segundo a qual a revolução cubana é uma revolução patriótica e democrática, nacional-libertadora e agrária, uma revolução popular avançada. Isso quer dizer que *é uma revolução anti-imperialista e contra o latifúndio, que aplica métodos radicais e avança sem cessar.*
>
> *A revolução cubana ainda não atingiu o estágio socialista, mas tampouco promove o desenvolvimento e o avanço do capitalismo. O principal desenvolvimento econômico é realizado sob o controle, direção, administração e investimento do Estado revolucionário. O poder não está sob a hegemonia burguesa.* [...] O avanço da revolução e as mudanças no gabinete facilitaram a predominância da esquerda. A hegemonia passou para a ala esquerda radical da pequena burguesia [...] O desenvolvimento da revolução foi destacando cada vez mais o papel da classe trabalhadora.

O artigo também assinala a mudança na correlação de forças no interior da revolução:

---

[15] *"Plattistas"* refere-se a apoiadores cubanos da Emenda Platt, um dispositivo legal aprovado pelo Senado dos Estados Unidos que autorizava o país a intervir na ilha sempre que seus interesses econômicos e políticos fossem contrariados, garantindo, além disso, uma área de 117 km² para a construção de uma base militar na baía de Guantánamo. Por efeito da Emenda Platt, os EUA intervieram cinco vezes em Cuba entre 1906 e 1933. (N.S.T.)

[16] Roca, Blas. *La VIII Assemblea Nacional del Partido Socialista Popular de Cuba.* [*s.l.: s.n., s.d.*]

> As forças fundamentais que se enfrentam na revolução são: do lado da revolução, os trabalhadores, os camponeses pobres e médios, o setor radical da pequena burguesia urbana. Camponeses ricos, bem como certas camadas superiores da pequena burguesia urbana hesitam, duvidam em oferecer seu apoio à revolução e alguns de seus membros ocupam posições hostis, passando para o campo da contrarrevolução, mesmo que a revolução não ameace seus interesses e, em vez disso, lhes traga benefícios. A burguesia nacional duvida e hesita mais ainda. De uma parte, percebe os benefícios imediatos que a revolução lhe proporciona. De outra parte, teme o desenvolvimento futuro da Revolução, e se assusta com seu avanço.

Depois de expostas as principais teses do PSP sobre o caráter da Revolução Cubana, veremos como ela foi caracterizada pela direção revolucionária, tomando como fundamentação básica alguns importantes discursos pronunciados por Fidel Castro, líder máximo da revolução. Em seguida, já dispondo de todos esses elementos, faremos uma discussão conjunta sobre o problema do caráter da revolução e a transição para o socialismo em Cuba.

A revolução vista por seu líder

O primeiro aspecto importante a ser destacado nos discursos de Fidel Castro posteriores ao triunfo da revolução é a reafirmação de que o programa que a revolução iria cumprir e que já estava cumprindo é o mesmo programa que já tinha o M-26-7.

Falando das primeiras leis revolucionárias, Fidel afirma que "já havíamos previsto todas essas leis. E se desejam confirmar sua veracidade, procurem minha brochura intitulada *A história me absolverá* para verificar que todas essas medidas já estavam programadas".[17] É importante destacar esse aspecto, pois no capítulo seguinte trataremos

---

[17] Castro, Fidel. "Entrevista ante las cámaras de CMR-TV, el 6 de marzo de 1959". Todos os discursos que serão citados aqui foram editados sob o título *Discursos para la historia*. [La Habana]: [s.n., s.d.]. Os destaques são nossos, exceto em indicação contrária.

de retomar o tema das contradições que surgem entre a revolução e seu programa e como essa as supera. Sigamos, por enquanto, com os textos de Fidel. Ele já mencionava, em uma entrevista realizada em março, a existência de uma "conduta contrarrevolucionária" que trata de espalhar o descontentamento. Esse comportamento, analisa:

> tem que vir de algum setor que não é precisamente o setor mais humilde do povo. Então, qual setor? Da gente rica que lutou pela revolução[?] Não acredito, pois são pessoas que têm suas indústrias, e não têm necessariamente que ser reacionária precisamente porque a indústria será um dos setores favorecidos pela Revolução. [...] De onde saía aquilo? Do povo? Não, dos núcleos que, vendo como a Revolução os está privando de seus privilégios, porque estamos propondo a Revolução de tal maneira que *não estamos destruindo determinadas classes sociais. Os industriais têm toda a nossa garantia e estímulo, com apenas uma condição: o pagamento de salários altos.* Temos dito que não há estímulo para o capital parasitário que é investido em apartamentos e casas, e muito menos para o latifúndio.[18]

Como observado, até então, há uma rigorosa coerência com o programa econômico e social do 26 de Julho. Fidel reafirma, também, várias vezes a "posição democrática" da revolução e destaca, agora como critério prático, a moralidade da ação revolucionária: "Um governo em que a honestidade é uma virtude essencial, em que a primeira coisa que os ministros fizeram foi rebaixar seus próprios salários".[19] Fidel insiste que não apenas os setores populares vão se beneficiar da revolução, mas também outros setores, como:

> o comerciante que vai aumentar seus ganhos, as indústrias que vão se ampliar, os bancos cubanos que terão a possibilidade de investir seu capital em indústrias, de colaborar com o governo revolucionário facilitando e mobilizando o crédito, esses também, ainda que sejam classes acomodadas, estarão com a Revolução, porque eles também receberão os benefícios da Revolução.[20]

---

[18] *Id.*, *ibid.*, p. 20.
[19] *Id.*, *ibid.*, p. 29.
[20] *Id.*, *ibid.*, p. 33.

No entanto, Fidel é muito claro ao advertir aos partidários da contrarrevolução:

> O máximo que podem fazer será colocar bombas ou fazer um atentado. E se fizerem atentados será pior, pois irão provocar uma maior radicalização do processo. [...] A consequência será que a revolução irá se radicalizar e aí sim é que vão perder muito mais. Quisemos fazer as coisas com moderação, com cuidado, levá-las de forma ordeira, e não tomamos todas as medidas ao vencer a revolução, mas as estamos implantando pouco a pouco.[21]

Também reafirma o que havia prometido antes quanto às regras de funcionamento democrático: "Implementamos a liberdade, a democracia e os direitos humanos e continuaremos nesse caminho, no caminho de convocar eleições no tempo em que apontamos". E ele insiste novamente na proteção das empresas nacionais: "Eu não falei de uma moratória de hipotecas e esclareça-se aos bancos que não existe essa ideia [...] todos os bancos terão incentivos em nosso governo".[22] Medidas importantes para o cumprimento do programa revolucionário também já são anunciadas no que diz respeito à construção de casas e à criação de novos empregos: "No dia 12, será lançada a primeira pedra na Havana Leste,[23] onde trabalharão mais de 10 mil trabalhadores".[24]

Outra orientação que emerge desse discurso de Fidel é a convocação ao povo "para consumir produtos nacionais" com o objetivo de estimular o desenvolvimento da indústria nativa e, dessa forma, criar empregos. Disse Fidel:

---

[21] *Id.*, *ibid.*, p. 35.

[22] *Id.*, *ibid.*, p. 36-37.

[23] La Habana del Este, nome do novo bairro popular construído pela Revolução.

[24] Anuncia também uma nova lei revolucionária na qual "será incluída a isenção de impostos durante 10 anos a quem construir sua própria casa. Os edifícios que estiverem inacabados, em 30 dias devem retomar as obras porque, do contrário, [o Ministério de] Obras Públicas vai terminar de construí-los: assim, com a paralisação, virá também a queda dos aluguéis, simplesmente." *Id.*, p. 38.

> Nós faremos circular o dinheiro, faremos que o dinheiro saia às ruas, que circule abundantemente, mas pedimos que não gastem em artigos de outros países, pois isso pode produzir desequilíbrios na balança cambial, o que dificultaria os planos econômicos.

Essas palavras sintetizam algumas das metas econômicas básicas da revolução: industrializar, liquidar o desemprego e promover uma redistribuição de renda. Sobre esses propósitos revolucionários, que o governo tratará de implementar desde o início da Revolução, Fidel insistirá muitas vezes, ao mesmo tempo em que tentará alertar o povo sobre a contrarrevolução, que desde muito cedo começa a se desenvolver, apesar do caráter inicial puramente democrático do processo. Dessa maneira, Fidel sempre repete essas colocações:

> é reacionária a atitude assumida por distintos setores frente às medidas revolucionárias do governo, como a redução de aluguéis, o confisco de bens.[25] A Reforma Agrária que foi iniciada, e a regulamentação do valor dos solares para o desenvolvimento da indústria que empregue centenas de trabalhadores, a terra não custa mais do que as máquinas; e como o princípio do Governo Revolucionário é industrializar o país, devemos industrializar o país, devemos começar barateando os valores onde essas indústrias serão estabelecidas.[26]

Entretanto, é necessário chamar a atenção para um aspecto de fundamental importância para compreender a dinâmica da orientação e da ação revolucionária implementada por Fidel Castro. Em-

---

[25] Uma das primeiras medidas da revolução foi o confisco por parte do Estado, por meio do Ministerio de Recuperación de Bienes Malversados, de todos os bens adquiridos de forma ilícita. Em um período muito curto, o Estado tinha sob seu poder uma quantidade muito importante de bens (industriais, comerciais, de serviços etc.) em que se podia comprovar a existência de irregularidades. No confisco desses bens, se encontra a origem da estatização da economia cubana.

[26] Castro, Fidel. Discurso pronunciado el 13 de marzo de 1959 en el Palácio Presidencial. Discursos para la Historia. [La Habana]: [s.d.], p. 70. [Mantivemos do castelhano a expressão solares para designar porção de terreno onde há edificação ou se destina a edificar, segundo o Dicionário da Real Academia Espanhola. (N.S.T.)]

bora seja verdade que, durante o estágio da revolução que pode ser chamado de democrático, esta tenta ser fiel e permanecer dentro dos marcos do programa do M-26-7. No entanto, nessa mesma etapa, tenta-se aplicar ao máximo as medidas democráticas, isto é, se busca esgotá-las de tal maneira que sejam criadas todas as condições para sua superação. A orientação básica é que *os problemas socioeconômicos devem ser solucionados* e as soluções devem ser buscadas passo a passo, mas incessantemente. Dessa maneira, toda uma política revolucionária vai sendo implementada em sintonia com a evolução da consciência das massas.

Pois bem, essa consciência revolucionária das massas está sendo formada e desenvolvida de duas maneiras: pela participação direta do povo no processo de transformação social e pelo diálogo constante do povo com a liderança revolucionária, de quem se pode notar claramente o esforço por fazer com que cada medida adotada seja resultado de um consenso social. É interessante observar que, no geral, nenhuma decisão importante se tome de surpresa. Ao contrário, sempre supõe uma preparação prévia da consciência revolucionária do povo cubano. Poderia se dizer, inclusive, que as medidas mais avançadas são sempre uma solução lógica resultante de um profundo convencimento e entendimento entre o povo e sua vanguarda. Nesse sentido, analisando detidamente os discursos de Fidel do primeiro período revolucionário, é possível se observar como neles se prepara e se anuncia sempre o período posterior mais avançado. E cada nova etapa surge da anterior, como um parto absolutamente normal e indolor.

São ilustrativas, por exemplo, as palavras de Fidel quando, apesar de toda a sua fidelidade programática, declara: "O que querem, que não cortemos o mal pela raiz? A República precisa passar por uma boa operação cirúrgica. Se começarmos a aplicar mercúrio cromo, a República morrerá". Mas essa frase é a conclusão de uma ampla análise de um conjunto de mudanças necessárias, explicadas pacientemente nos múltiplos discursos-diálogos de Fidel para e com o povo.[27]

Sobre o tema da legalidade, Fidel expressou em uma ocasião o critério do primeiro período da Revolução que, por sua vez, preparava a implantação de novos critérios mais radicais. Nessa oportunidade, o dirigente falava da ação dos Tribunais de Justiça e se referia a um indivíduo:

> sobre o qual existia uma série de gravíssimas acusações. Seus advogados, por obrigação profissional ou talvez entendendo que ele era inocente, apresentaram um recurso de *habeas corpus* e uma Câmara de Justiça dessas que estão sendo organizadas aceitou o recurso, obrigando o governo a soltar aquele senhor por meio de um mandado judicial. Meu critério naquele momento foi que ele deveria ser libertado porque era uma ordem de um Tribunal. Então, nós não vamos cair no descrédito de descumprir uma ordem, ainda que injusta, ainda que negativa, ainda que imoral. Temos que cumpri-la porque o Exército Rebelde não será desacreditado. E eu, por exemplo, se um tribunal me ordenasse a libertação de Sosa Blanco, eu o faria. Depois eu pediria que fuzilassem o Tribunal.[28]

Dessa forma, Fidel vai preparando o advento de toda uma nova constitucionalidade revolucionária que deveria basear-se em um alto nível de desenvolvimento da consciência das massas, ele dizia:

> Depois de fazermos a nova lei, depois de fazermos um direito novo, depois de haver um novo tipo de funcionalismo públi-

---

[27] Outro exemplo muito ilustrativo é o tratamento que Fidel dá à questão da legalidade: "Seremos respeitosos à Lei, mas à Lei Revolucionária. Respeitosos ao direito, mas ao direito revolucionário, não ao velho direito. O novo direito que vamos fazer. Para o direito velho, nada, nenhum respeito. Para o novo direito, todo respeito. Para a velha lei, nenhum respeito. Para a nova lei, todo o respeito. De onde emana a Constituição? Do povo. Quem faz a Constituição? O povo. E quem é o único que tem poder para mudar a Constituição? A maioria. Quem tem a maioria? A Revolução. Esses interesses que agora começam a falar da Constituição defenderam a Constituição? Não. [...] Podemos falar da Constituição os que a temos defendido. E de qual Constituição? Daquela que representa os interesses do país". *Id.*, p. 76.

[28] Castro, Fidel. Discurso en la concentración de obreros de la Compañia Shell de Cuba, el 6 de febrero de 1959.

co, não teremos por que temer as eleições democráticas. Com a consciência que está ganhando o povo de Cuba, pela geração que vamos preparar, com o nível moral, de instrução e o espírito que vamos dar aos homens encarregados de manter aqui a vigência das leis revolucionárias, quem fará recuar a revolução?[29]

Frente às ações da contrarrevolução, são buscadas várias formas de resposta. É nesse sentido que Fidel reafirma os propósitos revolucionários, mas não se prende nisso e adverte sempre aos reacionários sobre a capacidade de resposta que o governo e o povo têm perante cada investida sediciosa.[30]

A direção revolucionária se dá conta, nos primeiros meses da Revolução, que houve uma mudança necessária na correlação de forças entre as classes sociais que apoiaram a revolução. É assim que Fidel observa que:

> [nos] primeiros dias todo mundo nos aplaudia; no segundo dia, os latifundiários já não nos aplaudiam; no terceiro dia, os proprietários de imóveis já não nos aplaudiam; no quarto dia, já não nos aplaudiam os donos de lotes [...] E assim sucessivamente, alguns, não todos, mas uma parte dos interesses criados [...] Vamos perdendo em extensão ainda que ganhando em profundidade. *Já não teremos 95 nem 90, nem 85 nem 80, nem 75, é possível que até menos. Porém, sempre teremos uma maioria, isso sim. E o que fica da Revolução valerá mais que antes. Porque antes era muito na superfície e pouco em profundidade* [...]. E os que estão com a Revolução

---

[29] Castro, Fidel. Discurso no Palácio Presidencial, em 13 de março de 1959, *op. cit.*, p. 78-79.

[30] Um exemplo: "Temos dito bem claro que o capital bancário tem todas as garantias porque nos interessa mobilizar o crédito agrícola e industrial. O que leva as pessoas a toda vez que ficam com medo sacarem seu dinheiro dos bancos? Vamos supor que todos tirem o dinheiro do banco, bastaria que mudássemos a cor das cédulas e acabou." *Id.*, *ibid.*, p. 77. Independentemente de essa ser ou não a solução efetiva, o que importa destacar é a disposição revolucionária de não se paralisar frente às ações contrarrevolucionárias, de não se amedrontar frente a elas e de inventar, se for necessário, novas soluções para superar os problemas criados pelo boicote reacionário.

serão os que morreriam por ela, como dizia um dos cartazes que circulavam por aí.[31]

Em abril de 1959, quando Fidel Castro esteve nos Estados Unidos, tocou em vários temas relativos às relações entre os dois países e com o caráter da revolução. Seus pronunciamentos nessa época são importantes porque revelam claramente as características democráticas do primeiro período revolucionário e como seus dirigentes máximos o interpretavam. Sobre as relações com os EUA, Fidel dizia:

> A única coisa que queremos dos Estados Unidos é compreensão. O que estamos fazendo aqui é para que nosso país prospere. Queremos que o povo americano compreenda que queremos melhorar, de maneira que seja melhor para todos. É possível que progridamos em Cuba se marcharmos juntos com os Estados Unidos. Se algum homem de negócios quer vir a nosso país, terá as portas abertas. Mas se faz campanha contra nós, não irá a Cuba, como também não irá o turista.[32]

Essa proposição, como todas as citadas anteriormente, é coerente com os postulados programáticos do M-26-7. Mas é importante observar que tampouco é contraditório com o ideal revolucionário que Fidel insiste várias vezes depois do triunfo: "o que Cuba será de agora em diante depende somente de nós".[33] E, em uma entrevista em Washington, declarou:

> Eu não sou comunista nem estou de acordo com o comunismo [...] A democracia e o comunismo não são o mesmo para mim. Chamamos os nossos ideais de humanistas porque não queremos apenas dar liberdade ao povo, mas também lhe proporcionar os meios de viver e de conseguir a comida.[34]

---

[31] Castro, Fidel. Discurso pronunciado en una concentración de más de un millón de cubanos, en el Palacio Presidencial, el día 22 de marzo de 1959.

[32] Castro, Fidel. Discurso pronunciado ante la Asociación de Directores de Periódicos, en Washington, 17 de abril 1959, *op. cit.*, p. 138.

[33] *Id.*, *ibid.*, p. 63.

[34] Castro, Fidel. Discurso pronunciado en el Central Park de New York, el 24 de abril de 1959. *Op. cit.*, p. 140.

À pergunta "Você não tem nenhum comunista no seu governo?" ele respondeu:

> Uma coisa é ter certeza. É possível que haja comunistas e alguns deles lutaram em Cuba. O Partido Comunista é um partido pequeno, e há muitos outros partidos em Cuba. E, em Cuba, 98% do povo lutou, porque em Cuba não teve uma guerra civil como aqui nos Estados Unidos, que foi uma parte da nação contra outra. Em Cuba, foi uma luta entre o povo de Cuba e um bando de incompetentes e ladrões. Claro que alguns deles pertenciam aos antigos partidos, isso é fato. Mas sua influência no governo não tem significado algum. E, para provar isso, vocês devem olhar para o que estamos fazendo em Cuba, se estamos ajudando as ideias comunistas ou os ideais democráticos. Se estamos com ideias comunistas, se estamos estrangulando os direitos humanos, averiguem. Mandem seus repórteres para investigar. Mas não escrevam antes de verificar, porque ninguém pode ter amigos sem compreensão. Ninguém pode aceitar que seus bons amigos lhe ataquem ou publiquem falsidades.[35]

Essas palavras de Fidel refletem fielmente a etapa que vivia a revolução: a democrática. Não há nelas nenhuma violação de princípios doutrinários nem se pode lhes atribuir um sentido meramente "tático", para captar as simpatias dos setores liberais estadunidenses. Fidel era, até então, simplesmente um discípulo de José Martí e, como ele se autodefine, um humanista. Sua evolução ao socialismo ocorre simultaneamente com o processo revolucionário do qual ele é a melhor expressão do povo cubano e a um só tempo, seu artífice e produto.

Na mesma entrevista, Fidel dizia que "não é possível haver democracia verdadeira com gente faminta, porque essa deve se estabelecer fundamentada na justiça social para todos".[36] Seu compromisso profundo com essas ideias o levará ao socialismo. Sua definição do caráter da revolução cubana era a de uma "Revolução democrática, humanista e justiceira".[37] Considerava, também, que "a Revolução

---

[35] *Id., ibid.*, p. 142.
[36] *Id., ibid.*, p. 146.
[37] *Id., ibid.*, p. 153.

SOBRE O CARÁTER DA REVOLUÇÃO

entra numa etapa construtiva" e reclamava que ela "estava sendo mal compreendida, sobretudo, nos Estados Unidos".

Nessa oportunidade, o Fidel martiano insistia que

> "há um princípio que é vital para o povo de nossa América: o princípio da não intervenção. Há um direito que é vital para os povos de nossa América: o direito de que não se intervenha em nossos povos. Por esse princípio, clamamos por muitos anos. Por esse princípio, nós, latino-americanos, falamos muitas vezes".[38]

Fidel fala em nome da América Latina e, mesmo que ele não seja ainda um internacionalista proletário, é um internacionalista, professa um internacionalismo democrático:

> Lá na nossa Pátria, há uma acolhida generosa dos perseguidos políticos. Lá na nossa Pátria, os exilados políticos têm morada. Lá na nossa Pátria, os democratas de todo o continente sempre encontrarão o alento e a fé de todos os cubanos [...]. Se a Revolução Cubana errar, se a Revolução Cubana se equivocar, se a Revolução Cubana fracassar, o que será das esperanças da América! Sem querermos, sem termos essa ambição, nossa Pátria se converteu em um exemplo. Sem propormos isso, Cuba se converteu na esperança e temos que salvar a esperança.[39]

Com essas palavras, Fidel sintetizava toda uma orientação que a Revolução deveria seguir. Como cubanos, que haviam sido explorados ininterruptamente por várias décadas pelos estadunidenses, eles se viam empurrados desde o começo a uma ruptura drástica e radical com os EUA. Mas, como estadistas, Fidel e seus companheiros entendiam que uma atuação inteligente consistia em tratar de esgotar primeiro todos os recursos para tentar manter as relações com os Estados Unidos até o limite em que essas fossem insustentáveis para a grande potência. Nesse sentido, se houve uma parte que atuou com pouca inteligência e se deixou levar pelo coração – coração de explorador, é evidente – foi o governo dos EUA, que não soube entender que a Revolução era irreversível e que, quanto mais a hostilizava, mais contribuía com a sua consolidação.

---

[38] *Id., ibid.*, p. 154.
[39] *Id., ibid.*, p. 155.

Finalmente, vale destacar como Fidel compreendia o caráter democrático, humanista e justiceiro da Revolução:

> Humanismo quer dizer que, para satisfazer as necessidades materiais do homem, não é preciso sacrificar os anseios mais caros que são suas liberdades. E as liberdades mais essenciais do homem não são nada se não são satisfeitas suas necessidades materiais. Humanismo significa justiça social com liberdade e direitos humanos. Humanismo significa democracia, mas não uma democracia teórica. Uma democracia real. Humanismo significa direitos humanos com satisfação das necessidades do homem, porque só com a fome e a miséria se pode erguer uma oligarquia, mas nunca uma verdadeira democracia. Só com a fome e a miséria se pode erguer uma tirania, mas jamais uma verdadeira democracia. Somos democratas em todos os sentidos da palavra. Democratas verdadeiros, democratas que propõem o direito do homem ao trabalho, o direito do homem ao pão. Democratas sinceros porque a democracia que só fala de direitos teóricos e esquece as necessidades do homem não é uma democracia sincera. Não é uma democracia verdadeira. Nem pão sem liberdade, nem liberdade sem pão. Nem ditaduras do homem, nem ditadura de classes, nem ditadura de grupos, nem ditaduras de casta; nem ditadura de classes, nem oligarquia de classes. Governo do povo sem ditaduras e sem oligarquias: liberdade com pão sem terror, isso é humanismo.[40]

Como se pode perceber, o pensamento de Fidel é, nessa etapa, sem dúvida, martiniano ortodoxo. E guarda, dessa forma, uma correspondência direta com o caráter democrático da revolução na sua primeira fase.

---

[40] *Id., ibid.*

RUMO À REVOLUÇÃO SOCIALISTA

Continuidade e mudança qualitativa

O caráter democrático da Revolução Cubana dura até a primeira metade do ano de 1960. A partir de então, começa a se desenvolver um processo qualitativamente novo que se caracteriza pela transformação socialista de Cuba. A economia cubana começa a se socializar, as relações de produção são revolucionadas e os restos da superestrutura política, jurídica e administrativa são destruídos. Junto a essas transformações, a base real da dominação capitalista que sobreviveu durante o primeiro estágio revolucionário é liquidada tanto em âmbito infraestrutural quanto superestrutural, dando lugar à estruturação de novas formas de poder, de organização social da produção e da cultura. A correlação de forças entre as classes sociais, cujas mudanças foram verificadas desde os primeiros meses da tomada do poder, é definitivamente modificada em favor da hegemonia do proletariado, em estreita aliança com os camponeses pobres e com a pequena burguesia revolucionária.

A contrarrevolução – isolada desde o início da Revolução – não tem nenhuma perspectiva histórica e sua única alternativa é abandonar o país e tentar, do exterior, montar seu movimento de resistência que fracassará em todos seus objetivos. A ruptura com o imperialismo culmina em 3 de janeiro de 1961, após uma série de etapas intermediárias, nas quais o confronto entre os interesses do grande capital e os do povo cubano demonstra como é impossível qualquer solução intermediária de conciliação.

Marx dizia que "nenhuma formação social desaparece antes que todas as forças produtivas que nela cabem se desenvolvam, jamais aparecem relações de produção novas e superiores até que as condições materiais de sua existência tenham amadurecido no seio da própria sociedade antiga".[1] Nesse sentido, pode-se dizer que o estágio democrático termina quando, na estrutura econômico-social cubana, todas as possibilidades de subsistência do sistema capitalista se esgotam, sem poder voltar atrás pela contrarrevolução. Em contrapartida, as tarefas democráticas realizadas demonstraram-se insuficientes e incapazes de resolver os problemas colocados pelo desenvolvimento revolucionário do país. A única possibilidade de sobrevivência da revolução e cumprimento de suas aspirações básicas – desenvolvimento econômico, justiça social, democracia política – era pela superação completa dos marcos democráticos inicialmente fixados pelo programa do movimento revolucionário. A prática revolucionária avança muito mais do que as soluções preconizadas quando a revolução triunfou e, de fato, coloca na ordem do dia a necessidade de enfrentar o cumprimento de tarefas mais elevadas.

Em outras palavras, a revolução exigia um aprofundamento, exigia uma redefinição de suas soluções. Tendo destruído radicalmente a antiga sociedade capitalista, precisava construir uma nova, qualitativamente diferente, com novas ferramentas e com uma nova concepção: exigia o socialismo. A revolução teve que acelerar seu estágio construtivo. Para isso, contava com todos os instrumentos de poder: controle total sobre o aparato estatal, um exército rebelde muito mais forte baseado na organização de destacamento armados populares, o domínio completo sobre toda a superestrutura jurídico-

---

[1] Marx, Karl. "Prólogo de la contribución a la crítica de la Economía Política", *in*: *Obras escogidas*. Moscou: Progresso, [*s.d.*]. p. 341 [Há edição brasileira: *Contribuição à crítica da Economia Política*. São Paulo: Expressão Popular, 2009].

-política-social e, finalmente, a posse da parte fundamental da base econômica agrícola, industrial, comercial e financeira do país. A revolução possuía, portanto, todos os instrumentos de poder efetivo sobre a sociedade e podia dispor deles combinando-os e articulando um novo sistema de vida social.

A instauração do socialismo se produz pela evolução e consolidação de novas formas de funcionamento do novo poder político e econômico. Esse é o resultado da implementação de medidas tais como a revolução nas relações de produção: a classe operária assume a direção sobre o processo produtivo em aliança com o campesinato e as vanguardas políticas dessas classes detêm a direção do processo revolucionário em seu conjunto. Apresenta-se como uma necessidade imediata a criação de um sistema nacional centralizado de planejamento com o objetivo de implementar as metas de desenvolvimento e progresso econômico e social. A classe operária em aliança com o campesinato e a pequena burguesia revolucionária formam a base efetiva sobre a qual se constrói a nova sociedade. Essas classes garantem o funcionamento do sistema produtivo e garantem a defesa da revolução por meio dos destacamentos armados populares, que são a base do Exército revolucionário e que também se vinculam à produção. Exército e povo formam uma unidade na defesa da Pátria, no campo econômico e militar, e essa é a chave da sobrevivência da Revolução e do esmagamento das tentativas contrarrevolucionárias da reação interna e do imperialismo.

Em 19 de abril de 1961, quando ocorre a invasão mercenária, Fidel declara que Cuba é socialista e, como disse Che Guevara, essa "definição não precedeu, de forma alguma, ao fato, mas já existiam as bases econômicas estabelecidas para essa afirmação".[2] Mas essa realidade não estava dada desde o começo. Foi conquistada e cons-

---

[2] Guevara, Che. "La Planificación socialista, su significado". *In: La Economía Socialista: debate*. Barcelona: Nova Terra: [1964], p. 209.

truída. Foi o resultado necessário de um processo revolucionário que preconizava o humanismo, o desenvolvimento econômico, a justiça social e a democracia política. E isso não pode ser alcançado nos marcos do capitalismo e muito menos do capitalismo dependente. Por isso que, para ser congruente com seus postulados básicos, que de início assumiram a forma de democráticos, a revolução teve que romper com a democracia burguesa até as últimas consequências. Teve que se transformar em socialista.

A coerência revolucionária conduziu a incoerência com seu programa e exigiu a sua superação. E é por isso que Che Guevara mencionou que a revolução cubana "*é uma Revolução agrária, antifeudal e anti-imperialista, que foi se transformando, por imposição de sua evolução interna e das agressões externas, em uma revolução socialista*".[3]

O caráter democrático da revolução cubana evoluiu por meio de uma série de *mudanças qualitativas* que ocorreram no processo revolucionário e que, no seu conjunto, configuraram um sistema econômico-social radicalmente novo, socialista. Nesse sentido, pode-se dizer que *a instauração do socialismo em Cuba foi o resultado da mudança de qualidade de um mesmo processo revolucionário, cuja evolução, embora contínua, registrou momentos com características claramente distintas.*

A cronologia da transição

Vimos que, para identificar o momento em que a Revolução Cubana começa a construção do socialismo, ele deve ser encontrado no segundo semestre do ano de 1960. Nesse momento ocorrem vários fatos que viriam a determinar a mudança definitiva de qualidade da sociedade cubana. Durante o ano de 1959 e nos primeiros meses de 1960 a revolução havia implementado muitas mudanças

---

[3] Guevara, Che. *Discurso en Punta del Este (1961)*. [Barcelona: Nova Terra, 1968], p. 316.

econômicas e sociais, mas elas ainda não caracterizavam um novo sistema social. Até então, a transformação mais importante na estrutura econômica tinha sido a reforma agrária, que começou em março de 1959 e cujo caráter – como fica evidente a partir da análise da primeira lei de reforma agrária, promulgada depois do triunfo da revolução – ainda era tipicamente democrático-burguês. Naturalmente, em sua implementação, a reforma agrária superou em muito os objetivos anunciados na lei. Porém, ainda considerando sua radicalização na prática, a primeira etapa da reforma agrária em Cuba ainda não rompe com o modo de produção capitalista na agricultura. Fidel define a reforma agrária da seguinte forma:

> Era radical? Era uma reforma agrária radical. Era muito radical? *Não era uma reforma agrária muito radical.* Fizemos uma reforma agrária ajustada às necessidades do nosso desenvolvimento, ajustada a nossas possibilidades de desenvolvimento agrícola. Ou seja, uma reforma agrária que resolvesse o problema dos camponeses sem terra, que resolvesse o problema de abastecimento daqueles alimentos indispensáveis, que resolvesse o enorme desemprego no campo, que pusesse um fim àquela miséria absurda que havíamos encontrado nos campos do nosso país. [...] o Governo Revolucionário, em primeiro lugar, *converteu em proprietários de suas terras mais de cem mil pequenos agricultores* arrendatários, ao mesmo *tempo se preservou a produção em grande escala, por meio de cooperativas agrícolas de produção. Ou seja, a produção de grande empresa se manteve por meio de cooperativas,* graças às quais se pôde aplicar os procedimentos técnicos mais modernos à nossa produção agrícola, e se registrou, *desde o primeiro instante,* um aumento da produção.[4]

Ainda em março de 1959, foram tomadas várias medidas revolucionárias, por exemplo, a intervenção na Cuban Telephone Co., a redução das tarifas telefônicas e a redução dos aluguéis. Ao longo do primeiro ano, foram construídas casas, escolas, hospitais e im-

---

4   Castro, Fidel. "Discurso ante la ONU, septiembre de 1960", *in:* Fidel Habla en la ONU. Secretaría de Propaganda de la Confederación de Trabajadores de Cuba. [Folleto], [La Habana], [n. 9,] p. 15-26, destaques nossos.

plementada uma série de iniciativas com objetivo de melhorar as condições de vida, redistribuindo a renda e atacando o grave problema do desemprego. Nessa época também se prepara, ideológica e materialmente, o povo para enfrentar a contrarrevolução.

Em outubro de 1959, Havana é bombardeada por aviões vindos dos EUA, com um saldo de 20 mortos e 50 feridos. No mesmo mês, o governo é forçado a reestabelecer os Tribunais Revolucionários, que haviam funcionado depois do triunfo da revolução, com o objetivo de fazer justiça às novas ações da contrarrevolução. Criam-se as milícias revolucionárias, fato de relevância transcendental para a garantia do processo revolucionário.[5]

Em novembro, se realiza o X Congresso Operário Nacional, no qual é travada uma luta contra os remanescentes do *mujalismo* e, em janeiro de 1960, é criada a Associação de Jovens Rebeldes. Como se pode notar, apesar da grande importância das transformações infraestruturais que ocorrem no ano do triunfo revolucionário, além das medidas voltadas a aumentar a produção, redistribuir renda e solucionar o problema do desemprego, os principais acontecimentos desse período são, antes de tudo, de caráter político, ou seja, o principal é a mobilização de massas e a elevação de sua consciência política para garantir a defesa da revolução.

Em janeiro de 1960, a disposição do Governo Revolucionário ainda é de tentar manter as relações com os EUA, o que se percebe na nota enviada ao governo norte-americano:

> As diferenças de opinião que podem existir entre ambos os governos como sujeitas a negociações diplomáticas podem se resolver, efetivamente, mediante tais negociações. O governo de Cuba está na melhor disposição para discutir sem ressalvas e com absoluta amplitude todas essas diferenças e declara expressamente que entende não existirem obstáculos de nenhum tipo que impeçam a realização dessas negociações por meio de quaisquer meios e

---

[5] A informação sobre a sequência dos acontecimentos revolucionários foi extraída de *Cronología de la Revolución Cubana 1959-1961. [s.l.: s.n., s.d.]*

> instrumentos tradicionalmente adequados a esse fim, na base do respeito mútuo e benefício recíproco com o governo e o povo dos Estados Unidos. O governo de Cuba deseja manter e incrementar as relações diplomáticas e econômicas e entende que sobre essa base é indestrutível a amizade tradicional entre os povos cubano e norte-americano.

Poucos dias depois, o governo Cubano insiste que "deseja esclarecer, no entanto, que a retomada e o desenvolvimento de tais negociações dependem necessariamente de que o governo ou o Congresso de seu país não adote nenhuma medida unilateral que prejudique os resultados das negociações acima mencionadas ou que possam causar danos à economia ou ao povo cubano [...]".

O governo dos EUA contestou apontando:

> que não pode aceitar as condições de negociação expressas na nota de Vossa Excelência, já que nenhuma medida unilateral será tomada pelo governo dos Estados Unidos que possam afetar a economia cubana e a de seu povo, seja pelos poderes legislativo ou executivo. Como expressou o Presidente Eisenhower em 26 de janeiro, o governo dos Estados Unidos deve permanecer livre, exercendo sua própria soberania, para tomar as medidas que julgar necessárias, ciente de suas obrigações internacionais de defesa dos direitos legítimos e interesses de seu povo.[6]

Frente a essa situação, já nos primeiros meses de 1960, começam a ocorrer diversos eventos que acelerarão o processo revolucionário tanto econômica quanto politicamente. Vale a pena destacar a intervenção que se realiza em vários engenhos no mês de fevereiro, que passam a ser controlados pelo Instituto Nacional de Reforma Agrária (INRA). A ação contrarrevolucionária se intensifica com a explosão do vapor francês *La Coubre*, que trazia armas, ocasionando a morte de 70 pessoas e mais de cem feridos. Em abril, são

---

[6] Citados por Fidel Castro, em seu discurso na ONU, *op. cit.*, p. 28-29. Sobre essa última nota dos EUA, Fidel comentou: "o governo dos Estados Unidos não se digna a discutir com o pequeno país que é Cuba suas diferenças nas relações".

expropriados os latifúndios da United Fruit Co., que cobriam uma área de 5.195 *caballerías*,[7] avaliadas na época em US$ 3.821.769,00.[8]

Em maio, são estabelecidas relações com a União das Repúblicas Socialistas Soviéticas (URSS), abrindo, dessa forma, amplas possibilidades de intercâmbio comercial e cultural, o que será uma das grandes garantias de que a luta contra o imperialismo poderia ser

---

[7] *Caballería* refere-se à medida de área utilizada nas colônias espanholas. Em Cuba, 1 *caballería* equivalia a 13 hectares. Portanto, no caso, a revolução expropriou aproximadamente 68 mil hectares da United Fruit Co. (N.S.T.)

[8] Referindo-se ao fato de que em Cuba "as melhores e maiores fazendas eram de propriedade dos monopólios americanos", Fidel lembra que, no começo da reforma agrária, "foi levantado imediatamente o problema do pagamento. Como íamos pagar? Evidente que *a primeira pergunta era com o quê iríamos pagar, não como, mas com o quê.*" E estabelece: "Vocês concebem que um país pobre, subdesenvolvido, com 600 mil desempregados, com um índice tão alto de analfabetos, de doentes, cujas reservas foram esgotadas, que contribuiu com a economia de um país poderoso com um bilhão em dez anos, tenha que pagar as terras que seriam afetadas pela Lei Agrária, ou ao menos pagá-las nas condições que queriam que fossem pagas?" Depois de afirmar que o Departamento de Estado exigia o "pagamento imediato, eficiente e justo", adiciona: "Ainda não éramos 150% comunistas. Parecíamos mais um vermelho matizado. *Nós não confiscávamos as terras. Nós, simplesmente, propúnhamos pagá-la em vinte anos, e da única maneira com que podíamos pagá-la: em títulos, que venceriam em 20 anos, com juros de 4,5% que seriam amortizados ano a ano.* [...] O limite máximo que a nossa Lei Agrária estabelecia era o de que 400 hectares constituem um verdadeiro latifúndio. Em Cuba, onde havia companhias monopolistas estadunidenses que tinham até cerca de 200 mil hectares – 200 mil hectares!, se alguém acredita não ter ouvido bem –, ali, em Cuba, uma Reforma Agrária que reduzisse o limite máximo a 400 hectares era uma lei inadmissível para esses monopólios." A conclusão era lógica: "Qualquer um compreende que, nessas circunstâncias, tínhamos que optar entre fazer a Reforma Agrária ou não fazê-la." Castro, Fidel. "Discurso na ONU", *op. cit.*, p. 15-16, destaques nossos. A partir desse relato, do qual não está ausente uma grande porcentagem de fina ironia, se deduz claramente uma das principais razões pelas quais a revolução teve que avançar e radicalizar-se usando métodos que não estavam originalmente contemplados, como as expropriações. Se compreende também o processo que foi fazendo com que ela fosse progressivamente "parecendo um pouco mais matizada de vermelho".

levada até as suas últimas consequências. Nesse mesmo mês, é fechado o *Diario de la Marina*, principal porta-voz da contrarrevolução.

Em junho, os EUA começam os ataques a Cuba na Organização dos Estados Americanos (OEA) e diminuem sua cota de importação de açúcar. A companhia petroleira Texaco sofre intervenção e, poucos dias depois, os norte-americanos suspendem a compra da cota açucareira.

A partir de então o processo revolucionário se acelera e começam a acontecer as alterações que, de forma definitiva, o mudarão qualitativamente. É decretado, no mesmo mês de julho, o monopólio do comércio exterior e, na primeira semana de agosto, são nacionalizadas várias companhias estadunidenses (as refinarias de petróleo, 36 centrais açucareiras, as companhias de telefones e eletricidade – que em seu conjunto representam um total de 800 milhões de pesos).

Em setembro, essas medidas são aprovadas pela Assembleia Geral Nacional do Povo de Cuba na Praça da Revolução, que referenda a Primeira Declaração de Havana, na qual se condena "a exploração do homem pelo homem" e se proclama "o direito dos Estados à nacionalização dos monopólios imperialistas". Nesse mesmo ato, são anunciados o estabelecimento de relações com a República Popular da China (ao mesmo tempo que se rompem as relações com Formosa) e a ruptura do tratado militar com os EUA. Poucos dias depois, as fábricas de tabaco e charutos sofrem intervenção e os bancos estadunidenses de Cuba são nacionalizados.

Em seguida, Fidel viaja para os EUA, onde participa da Assembleia das Nações Unidas. Nessa oportunidade, profere seu discurso histórico de denúncia da exploração e agressão do imperialismo à Cuba, no qual declara que "o capital financeiro imperialista é uma prostituta que não pode nos seduzir". Em outubro, somente no dia 13, são nacionalizados todos os bancos nacionais e estrangeiros (com exceção dos canadenses) e 382 grandes empresas (105 centrais açucareiras, 50 fábricas têxteis, 8 empresas de ferrovias, 11 redes cinematográficas, 13 armazéns, 16 moinhos de arroz, 6 fábricas de bebidas, 11 torradeiras de café, 47 armazéns comerciais e 6 fábricas de leite condensado). Essa medida significava um golpe mortal não só ao imperialismo, mas também à oligarquia crioula. Significava que, no processo revolucionário, já não havia mais lugar para os "empresários nacionais", para as antigas classes dominantes cubanas. Agora estava completamente rompido o sistema capitalista dependente cubano. Sua base material de sustentação foi destroçada.

A Revolução Cubana havia descoberto "uma verdade que deveríamos conhecer como a primeira, que é que não há independência se não houver independência econômica, que independência política é uma mentira sem que haja independência econômica".[9] Demonstrava que não é possível tentar fazer a "libertação nacional" sem fazer a libertação econômico-social no sentido mais amplo, ou seja, avançar ao socialismo.

No mesmo mês de outubro de 1960, Fidel declara que "a primeira etapa da nossa Revolução foi cumprida, temos a satisfação de apresentar um programa cumprido", referindo-se às promessas feitas no *A história me absolverá*.[10] Também no mês de outubro, as demais empresas estadunidenses em Cuba são nacionalizadas. Tal medida, que representava um nocaute contra o imperialismo, foi tomada em resposta ao novo tipo de agressão dos EUA pelo bloqueio econômico à ilha.

Finalmente, em 3 de janeiro de 1961, os EUA formalizam a ruptura das relações diplomáticas com Cuba.

Em fevereiro de 1961, o Poder Judiciário é reorganizado. São removidos dos seus cargos 32 magistrados e 83 juízes. No mesmo mês, o aparato governamental sofre uma série de transformações

---

[9] Castro, Fidel. "Discurso na ONU", *op. cit.*, p. 40.
[10] "Intervención de Fidel en la televisión el 15 de octubre de 1960". Citado na *Cronología de la Revolución Cubana*, *op. cit.*

com o objetivo de adequá-lo ao funcionamento do novo sistema econômico-social que vinha sendo gestado. É criado o Ministério da Indústria, o Ministério do Comércio Exterior, o Ministério do Comércio Interior e a Junta Central de Planificação. Além disso, cria-se também o Instituto Nacional do Desporto, Educação Física e Recreação.

O avanço do processo revolucionário implicava mudanças qualitativas na institucionalidade do país. Essas mudanças necessariamente tinham que ocorrer simultaneamente nos campos econômico e político. Osvaldo Dorticós referiu-se à inter-relação entre ambos, à forma complementar em que ocorreram as transformações principais da sociedade cubana. Seu relato é tão claro e simples que dispensa comentários:

> Se revisarmos, na mesma ordem em que fizemos as mudanças ocorridas na economia, veremos de imediato as consequentes mudanças políticas. Se no campo surge a grande propriedade coletiva pelas cooperativas e granjas do povo, seria necessário, de imediato – e isso, inclusive, foi implementado simultaneamente com o processo de transformação econômica e como resposta necessária à transformação econômica que ocorreria – uma instituição que, em nome do Estado, dirigiu, controlou e orientou a nova economia agrária do país, e se produz a primeira mudança institucional séria em nosso processo revolucionário que foi a criação do Instituto Nacional da Reforma Agrária.[11]

E Dorticós prossegue, destacando os sucessivos avanços:

> Se nacionalizamos as principais indústrias do país e estas já não estão mais nas mãos de empresários privados, mas da Nação, surge de imediato a necessidade de uma nova mudança política institucional, isto é, de uma mudança na organização do Estado e essa mudança é consumada, precisamente, com a criação do Ministério das Indústrias. Ou seja, surge uma instituição política para poder responder a um fato econômico. A economia industrial se transforma, e algum organismo deve dirigir, deve

---

[11] Dorticós Torrado, Osvaldo. "Relación entre los cambios económicos y políticos en la sociedad cubana". Palestra realizada em 14 de junho de 1961 no Teatro de Minfar [s.n.].

orientar, deve executar o programa industrial do país, e surge o Ministério das Indústrias.

[...]

Todo o comércio exterior do país passa às mãos do Estado [...] como consequência dessa mudança tão radical [...] surge de imediato uma mudança política, uma mudança das instituições do Estado, de uma instituição política: surge o Ministério do Comércio Exterior.

[...]

Grande parte do comércio interior do país passa às mãos da Nação pelas leis de nacionalização [...] surge também uma nova instituição do Estado, um novo organismo de expressão do poder político, que é o Ministério do Comércio Interior.

[...]

Todos os bancos são nacionalizados – fato econômico – e de imediato se produz um fato político, que é uma mudança institucional operada em todo o nosso sistema bancário: se cria a estrutura do Banco Nacional, do sistema bancário nacional.

[...]

Mas como todas essas mudanças econômicas consistiram essencialmente na passagem da riqueza do país de mãos privadas às mãos do povo, às mãos da Nação, às mãos da Sociedade, o que significa – pois equivale a isso – que foram mudanças, transformações socialistas da nossa economia, se produziu imediatamente a necessidade de pensar e realizar uma planificação científica e técnica dessa economia socialista que surgia em nosso processo revolucionário.

[...]

E então surge a necessidade de um fato político institucional, que é o planejamento dessa economia, e surge uma nova instituição, que é o organismo encarregado de planificar o nosso desenvolvimento econômico. Daí o nascimento, transformação e amadurecimento da Junta Central de Planificação.

Como Dorticós destaca, "aconteceram as transformações revolucionárias e socialistas, e depois classificaram esses feitos".

Nos meses seguintes, a contrarrevolução trata de elevar ao máximo sua ofensiva. Em março, os Comandos Terroristas, preparados pela CIA, atacam as refinarias de petróleo em Santiago de Cuba e incendeiam empresas nacionalizadas em outros lugares. Em abril, os bombardeios de vários aeroportos indicam o começo da tentativa frustrada de invasão de Cuba. No dia 16, Fidel proclama o caráter Socialista da Revolução:

> É por isso que eles não podem nos perdoar, que estávamos bem ali e que fizemos uma Revolução Socialista bem debaixo do nariz dos Estados Unidos! E que defendemos essa Revolução Socialista com fuzis!
>
> [...]
>
> Operários e camponeses, homens e mulheres humildes da Pátria! Juram defender até a última gota de sangue essa Revolução dos humildes, pelos humildes e para os humildes? O povo responde: 'Sim'.

E esse "Sim" selou, de forma definitiva, o destino da contrarrevolução: estava irremediavelmente condenada ao fracasso, extirpada para sempre da história de Cuba.

Em dezembro, falando sobre o Partido Unido da Revolução Socialista de Cuba, Fidel declara: "Sou marxista-leninista e o serei até o último dia da minha vida".[12]

Anti-imperialismo e revolução socialista

No curso da Revolução Cubana ao socialismo, o enfrentamento com o imperialismo é, sem dúvida alguma, um elemento explicativo fundamental. E foi assim porque o imperialismo não era meramente o inimigo externo da revolução. A dominação imperialista, como notado anteriormente, configurou a estrutura econômico-social do capitalismo dependente cubano desde o início do século XX. O imperialismo era, portanto, parte constitutiva do sistema de dominação do país. Muito mais do que um agente que atuava a partir do exterior, a ingerência imperialista permeava todos os níveis da sociedade cubana, condicionando o caráter da economia e das instituições políticas e culturais aos seus interesses de exploração. O caráter

---

[12] Castro, Fidel. "Intervención ante las cámaras de televisión el día 1º de deciembre de 1961". Citado em *Cronología de la Revolución Cubana 1959-1961*. [*s.l.: s.n., s.d.*]

dependente do capitalismo cubano – como, por sinal, de todos os países latino-americanos – não pode, portanto, ser entendido como um fator externo, mas sim como uma "situação condicionante", que "determina os limites e possibilidades de ação e comportamento dos homens". É por isso que,

> frente a ela, só cabem duas possibilidades: a) escolher entre as distintas alternativas dentro dessa situação (escolha que não é completamente livre, pois a situação concreta inclui outros elementos, outros fatores que atuam para conformar certas formas particulares dessa situação geral e que limitam ainda mais as possibilidades de ação e de escolha); ou b) *mudar essa situação condicionante a fim de permitir outras possibilidades de ação; ou seja, atuar no sentido de uma mudança qualitativa que também tem que ser considerada em função das suas possibilidades concretas.*[13]

Nas condições históricas concretas em que ocorre a Revolução Cubana, não havia nenhuma possibilidade para uma alternativa de desenvolvimento dentro dos marcos do capitalismo dependente e, portanto, o processo revolucionário teve que ser orientado "no sentido de uma mudança qualitativa".

Mas por que teve que ser assim? Em uma perspectiva muito superficial e equivocada, admite-se que a evolução de Cuba ao socialismo foi o produto de uma predeterminação ideológica por parte da liderança revolucionária. Foi suficientemente discutido o caráter ideológico do movimento revolucionário e, a essa altura, já não cabem mais dúvidas quanto aos seus princípios democráticos. No entanto, ainda que a liderança revolucionária tivesse optado secretamente pelo marxismo-leninismo desde a época do Moncada ou do Granma, essa não seria a explicação primordial para a evolução da revolução ao socialismo. Sem negar ou diminuir o papel dos indivíduos na história, o caráter de um processo revolucionário não é somente o resultado da concepção ideológica de seus dirigentes,

---

[13] Dos Santos, Theotonio. "Dependencia y Cambio Social". *Cuadernos de Estudios Socioeconómicos,* Santiago, n. 11, 1970, p. 47, destaques nossos.

ainda que isso tenha um papel importante na condução e orientação do processo. Para que uma revolução ocorra, é necessário que existam as condições objetivas que a requerem como uma necessidade impostergável. Dessa forma, o anti-imperialismo em Cuba não existe como uma atitude meramente ideológica daqueles que aspiram a uma Pátria livre e soberana, mas é, sobretudo, um imperativo crucial de seu desenvolvimento e progresso econômico e social. É isso que explica a força do pensamento martiano de várias décadas anteriores à revolução. E é a intensificação profunda e sistemática da penetração imperialista em Cuba, na década do triunfo revolucionário, que explica a magnitude que a luta anti-imperialista alcançou e a necessidade de questionar radicalmente o imperialismo, questionando o sistema que o mantém, uma vez que a revolução começa a cumprir o seu programa de transformações econômico-sociais.

A dominação imperialista em Cuba, a partir do pós-guerra de 1945, como na maioria dos países latino-americanos, se diversificou, dirigindo-se cada vez mais ao setor manufatureiro. Em países como Cuba – onde o processo de industrialização não se desenvolveu desde o final do século XIX nem durante as primeiras décadas do século XX (como foi o caso de Argentina, Brasil, México, Chile, Uruguai e Colômbia) – a característica fundamental da industrialização, nos anos 1950, quando começa a ocorrer, é o fato de que as indústrias se instalam sob o controle direto do capital estrangeiro. Tal fenômeno significava a impossibilidade histórica do desenvolvimento de uma burguesia nacional vinculada à indústria, o que foi destacado anteriormente, quando demonstramos a inviabilidade das metas de desenvolvimento do capitalismo nacional baseado em empresários cubanos.

Contudo, esse processo de industrialização baseado no domínio do investimento estrangeiro havia acabado de começar na década de 1950. E, evidentemente, já continha todas as limitações típicas de um desenvolvimento industrial impulsionado com essas características. Entre tais limitações, convém observar o fato de que os investimentos estrangeiros em Cuba, como nos demais países do continente, não buscavam promover um desenvolvimento cuja meta fosse a satisfação das necessidades básicas do povo, mas explorar as possibilidades de ganhos em alguns ramos produtivos particularmente lucrativos.

Em contrapartida, os investimentos industriais imperialistas em Cuba representavam uma atividade complementar à exploração que as companhias estrangeiras realizavam em outros países latino-americanos, nos quais um mercado mais amplo e a existência de uma infraestrutura mais desenvolvida permitiam maiores margens de lucro, como é o caso do México, Brasil, Argentina e outros. A industrialização imperialista em Cuba estava, portanto, já de saída, condenada a ser um processo limitado e restrito aos interesses secundários do grande capital estrangeiro, característica comum aos países centro-americanos, ao Equador, à Bolívia etc.[14]

O capitalismo dependente cubano mostrava-se, assim, incapaz de promover o desenvolvimento efetivo das forças produtivas e de superar a maldição histórica do "sem açúcar não há país". Enquanto se mantivesse nessa situação, a economia cubana estaria condenada a girar em torno da cana-de-açúcar, como esteve durante *mais de 150 anos* de sua história, e que a tornou o fator fundamental – de recessão ou expansão – da atividade econômica da ilha. Se analisarmos, por exemplo, na década de 1950, os períodos de crise, assim como os de impulso do crescimento econômico, constata-se que foram sempre condicionados pela situação desse produto no mercado mundial.

Esse fato é posto em evidência pela Comissão Econômica para a América Latina e o Caribe (Cepal), quando destaca "o efeito da depressão açucareira iniciada a partir de 1953 sobre a economia

---

[14] Uma análise desse tipo de desenvolvimento dependente e de suas limitações e características principais se encontra no nosso livro *Capitalismo dependiente latinoamericano*.

cubana". Observam que "a receita nacional líquida a preços correntes reduziu em 14% em 1953, *como consequência da queda de 38% na receita do setor açucareiro* e, em menor grau, porque tanto o investimento privado como o público foram inferiores". Significativamente, "a receita do setor açucareiro se manteve baixa até 1957".[15]

A tabela a seguir registra os efeitos dessa depressão açucareira sobre a economia.

Cuba: evolução da receita líquida nacional por setores e dos investimentos públicos e privados, 1951-1957 (em milhões de pesos a preços correntes)

	Receita Líquida Nacional (a)				Investimento bruto em capital fixo (b)		
Ano	Total (1)	Setor açucareiro (2)	Setor não açucareiro (3)	% (2):(1) (4)	Total (5)	Público (6)	Privado (7)
1951	2.015	659 (c)	1.356	32,7	292	23	269
1952	2.084	668	1.416	42,1	299	41	258
1953	1.784	414	1.370	32,2	227	27	200
1954	1.827	443	1.384	24,2	261	40	221
1955	1.907	431	1.476	22,6	381	108	273
1956	2.086	455	1.631	21,8	499	171	328
1957	2.345	624 (d)	1.721	26,6	532	157	375
			Índice: 1952 = 100				
1951	97	99	96		98	56	104
1952	100	100	100		100	100	100
1953	86	62	97		76	66	78
1954	88	66	98		87	98	86
1955	92	65	104		127	263	106
1956	100	68	115		167	417	127
1957	113	93	122		178	383	145

Fonte: CEPAL, *op. cit.*
a) receita líquida territorial (inclui rendimento de investimento estrangeiro) b) a cifra de investimento total (col. 5) e privada (col. 7) para os anos de 1951 a 1954 estão um tanto subestimadas, já que não incluem parte dos bens de capital importados com franquias aduaneiras. Os números de investimento público (col. 6) se referem unicamente às despesas com obras públicas por meio de empréstimos, e não incluem os gastos de capital cobrados pelo orçamento ordinário, que são de menor importância.

---

[15] Cepal. Estudio Económico de América Latina. Santiago: Naciones Unidas: 1958, p. 199, destaques nossos.

Nesse informe, observa-se que:

o enfraquecimento da demanda de açúcar no mercado mundial que se produziu depois do conflito da Coreia coincidiu em Cuba com a safra sem precedentes de 1952 (7,2 milhões de toneladas). Isso resultou numa acumulação de estoque de quase 2 milhões de toneladas e numa forte queda do preço do açúcar no mercado mundial. O valor das exportações açucareiras, que havia alcançado um máximo de 672 milhões de dólares em 1951, sofreu uma queda de 94 milhões em 1952.[16]

A tabela seguinte registra as oscilações da produção e exportação de cana-de-açúcar durante o período anterior à vitória revolucionária.

Cuba: produção, exportação, estoque e índice de preços do açúcar, 1951-1957
(Milhões de toneladas e milhões de dólares)

Ano	Produção	Exportação		Estoque no final do ano	Índice de preços de exportação aos EUA*	Outros países
		Volume	Valor			
1951	5,8	5,5	672	0,3	94	167
1952	7,2	5,0	578	2,2	99	122
1953	5,2	5,5	529	1,5	100	100
1954	4,9	4,2	432	1,9	96	96
1955	4,5	4,6	473	1,6	92	95
1956	4,7	5,4	524	0,7	95	102
1957 (a)	5,7	5,3	680	0,7	98	151

Fonte: CEPAL, *op. cit.*
(a) Cifra preliminar
* 1953 = 100

É significativa a correlação entre a recessão canavieira, que é particularmente aguda entre 1953-1956, e a reorganização do movimento dos trabalhadores açucareiros nesse período, cujo auge da manifestação foi a grande greve de 1955, que mencionamos anteriormente.

Em seu informe, a Cepal oferece também dados sobre a recuperação da economia no ano de 1957, devido ao aumento do preço do açúcar:

---

[16] *Id., ibid.*, p. 196.

> A atividade econômica de Cuba durante 1957 alcançou os níveis mais altos do período pós-guerra [...]. Contrastando com os dois anos anteriores, em que o sustentáculo da atividade econômica havia sido o investimento público, *o fator de expansão de 1957 foi o evidente crescimento de receita do setor exportador*, que se deveu sobretudo ao aumento do preço do açúcar, que aumentou 19,7%, seu valor subiu 46,8% (de 437,3 a 672,7 milhões de pesos).
>
> [...]
>
> O forte aumento dos preços de exportação de açúcar foi também o principal fator a determinar a importante melhora de quase 17% em relação de preços de mercado, já que os preços das importações aumentaram em média 4%. Isso determinou que, apesar do menor volume exportado, a receita real crescesse mais que o produto bruto, ou seja, a um ritmo de 13,3%.[17]

A situação da economia cubana durante o primeiro ano em que se desenvolve a guerra revolucionária era, portanto, de franca recuperação.[18] Naturalmente, vários fatores contribuíram com isso,

---

[17] *Id.*, *Ibid.*, p. 195, destaques nossos.

[18] No ano de 1956, já se registraram "taxas excepcionalmente altas de aumento da produção". A título de ilustração, vejamos algumas cifras da Cepal. A demanda de cimento aumentou, "até chegar à cifra máxima de 825 mil toneladas". O valor investido na construção privada "foi da ordem de 90 milhões de dólares, o que representa um aumento de 16% em relação aos 78 milhões investidos em 1956. [...] Outras indústrias que aumentaram sua produção em 1957 foram rolo de tabaco, charutos, cervejas, cigarros e calçado de couro. [...] se a base for o ano de 1952, é possível comprovar que em 1957 o índice da produção de pneus tinha subido 65,5%, de cimento, 55,5%, de fertilizantes químicos, 46,4%, de ácido sulfúrico, 32,3%, de superfosfato simples, 25,8% e de *rayón,* 18,1%. Outros ramos industriais experimentaram aumentos mais modestos." Além disso, existia uma série de "projetos em construção", como foi o caso do projeto de fabricação de papel a partir do bagaço da cana-de--açúcar, "que representa um investimento de 7,5 milhões de dólares [e] *está patrocinado por uma empresa estadunidense que conta com larga experiência no Peru.* [...] Outros projetos [...] a um custo estimado de 16 milhões de dólares e *sob direção técnica de uma das principais empresas siderúrgicas estadunidenses,* [...] laminará barras onduladas, perfis estruturais e arames e produzirá tubos soldados, substituindo grande parte das importações desses produtos. [...] Deve ser concluída em 1958 com um investimento de 5,6 milhões de dólares, a instalação de uma planta complementar mecanizada para produzir embalagens de vidro. Essa fábrica – *que também é construída sob gerenciamento*

como o "programa de obras públicas iniciado em 1954", assim como o fato de que "o investimento privado cresceu mais de 14% como resultado da maior afluência de capital estrangeiro e do aumento dos créditos concedidos pelos bancos oficiais com objetivo de desenvolvimento". No entanto, o mesmo informe destaca que:

> o déficit na conta de serviços foi muito maior que o do ano anterior, *principalmente devido ao aumento das despesas com rendimentos dos investimentos estrangeiros. O resultado disso foi que, apesar da maior afluência de capitais estrangeiros, o déficit em conta corrente teve que se financiar mediante a perda de reservas cambiais e a concentração de créditos a curto prazo no exterior pelos bancos oficiais, que se elevaram no total a aproximadamente 52,6 milhões de dólares.*[19]

Esses procedimentos de financiamento, usuais nos países latino-americanos, cujo resultado é a descapitalização e o endividamento progressivo da economia, acentuam os mecanismos de acumulação da dependência e determinam, no geral, uma nova recessão no curto prazo. Isso foi o que aconteceu novamente em Cuba nos últimos meses de 1957. Além disso, como Cuba dependia fundamentalmente do açúcar e o preço do açúcar dependia do mercado mundial, sua economia era altamente vulnerável às suas oscilações. Por isso, a Cepal observa que "como consequência do enfraquecimento da demanda de açúcar no chamado mercado mundial, indicado pela forte queda de preços nos últimos meses de 1957, as perspectivas para a economia cubana em 1958 serão consideravelmente menos favoráveis". Isso seria agravado pelo "outro fator depressivo em 1958 [que] provavelmente será uma diminuição dos investimentos públicos,

---

técnico estadunidense [...]". Cepal, *op. cit.*, p. 209, 218 e 211, destaques nossos. [Nesta nota, observamos que o ano de 1956, no original, deve na verdade corresponder ao ano de 1957, como se depreende da referida análise da Cepal. Segundo o Dicionário da Real Academia Espanhola, *rayón* ou *raiom* é um tecido artificial cujas propriedades são parecidas com as da seda. O nome deriva da marca registrada Rayón. (N.S.T.)]

[19] *Id.*, *ibid.*, destaques nossos.

porque a emissão de bônus no total de 350 milhões de pesos – aprovada em 1954 – havia sido totalmente utilizada no final de 1957".

No entanto, segundo os analistas da Cepal, os investimentos estrangeiros poderiam ser um fator de manutenção da expansão da economia:

> Ao que parece, o principal fator de expansão em 1958 será um aumento substancial dos investimentos diretos estrangeiros, particularmente na indústria de energia elétrica, nos serviços telefônicos e na exploração petroleira. Se prevê, em troca, que esse aumento será revertido pela diminuição do investimento privado interno que causou, em parte, um menor financiamento dos bancos oficiais de desenvolvimento.[20]

Destaca, além disso, que "o Banco Nacional adotou em dezembro e janeiro uma série de medidas restritivas de crédito" e conclui que "é previsível [...] uma queda acentuada na taxa de investimento".

De fato, em 1958 ocorreu uma nova depressão da economia cubana. Atuaram sobre ela não apenas esses fatores previstos, como a acumulação dos mecanismos da dependência, a queda do preço do açúcar e a política de restrição de créditos. Também atuou a recessão sofrida pela economia estadunidense em 1958 e que teve repercussões na política dos Estados Unidos para o continente. Esse pode ser considerado um dos fatores que explicam a ajuda relativamente moderada que esse país prestou à tirania no auge da guerra revolucionária.

É importante destacar, depois das considerações anteriores, que os momentos de crise somente revelam com maior nitidez as debilidades estruturais do capitalismo dependente.

A expansão do sistema com base nos investimentos estrangeiros é intrinsecamente limitada pelo seu caráter altamente explorador. Por exemplo:

> do total de 58,5 milhões de investimento direto efetuado em 1956 (a maior porcentagem da década), uma parte (10 milhões) foi, na realidade, reinvestimentos de lucros de empresas estrangeiras,

---

[20] *Id., ibid.*, p. 196.

e a remessa de ganhos ao exterior dessas empresas foi de 41,4 milhões, de modo que a contribuição cambial líquida dos investimentos estrangeiros foi de 7,1 milhões.[21]

E, como sintetizou Fidel:

> Os serviços públicos, companhias elétricas, companhias telefônicas eram propriedade de monopólios estadunidenses.

Uma grande parte dos bancos, uma grande parte do comércio de importação, as refinarias de petróleo, a maior parte da produção açucareira, as melhores terras de Cuba e as indústrias mais importantes em todos os níveis eram propriedades de companhias estadunidenses. A balança de pagamentos dos últimos dez anos, desde 1950 até 1960, havia sido favorável aos Estados Unidos com relação a Cuba em *1 bilhão de dólares.*

Isso sem contar com os milhões e centenas de milhões de dólares subtraídos do Tesouro Público pelos governantes corrompidos da Tirania que foram depositantes nos bancos dos Estados Unidos ou europeus.

Um bilhão de dólares em dez anos. O país pobre e subdesenvolvido do Caribe, que tinha 600 mil desempregados contribuindo ao desenvolvimento econômico do país mais industrializado do mundo. "Essa foi a situação que encontramos", disse Fidel, e pergunta: "Qual era a alternativa do governo revolucionário? Trair o povo?".[22]

Por isso, para a revolução satisfazer as aspirações que a impulsionaram, não tem alternativa senão enfrentar o imperialismo e ir até as últimas consequências nesse enfrentamento, substituindo completamente a estrutura econômico-social que possibilitava as relações de exploração e avançando rumo ao socialismo.

---

[21] *Id., ibid.,* p. 198.
[22] Castro, Fidel. "Discurso na ONU", *op. cit.,* p. 11.

DIFICULDADES ECONÔMICAS NA TRANSIÇÃO AO SOCIALISMO

A primeira estratégia de desenvolvimento socialista

Como foi demonstrado nos capítulos anteriores, durante os primeiros 14 meses, aproximadamente, a Revolução Cubana tenta cumprir em termos gerais o programa econômico e social estabelecido pelo Movimento Revolucionário 26 de Julho. A partir de março de 1960, o processo revolucionário se acelera de forma vertiginosa e, nos meses de setembro e outubro, começa a ocorrer o que se pode chamar de transição ao socialismo. Dois anos depois da tomada do poder, já existe na sociedade cubana um novo sistema econômico-social que, por suas características típicas fundamentais, se define como socialista.

O governo revolucionário, por meio do Ministério da Indústria, dirigido por Che Guevara, decide iniciar um amplo processo de industrialização e, em 1962, começa a privilegiar a indústria. As metas fixadas são muito amplas: se buscaria não só implementar a produção da considerada "indústria leve" (têxtil, alimentos, calçados, bebidas etc.) como também se propõe a desenvolver, além disso, o setor siderúrgico, mecânico, químico, a produção de níquel, cobalto etc., com o objetivo de aumentar a produção industrial em 19,5% e, em alguns setores, em até 26% anual.

Era considerado possível o cumprimento dessas metas, uma vez que se dispunha de todos os recursos provenientes da estatização dos setores fundamentais da economia do país, o que tornava possível a planificação global de todas as atividades, em função do desenvolvimento da infraestrutura industrial. Dessa forma, poderiam ser superadas as características de desenvolvimento anárquico que tinham predominado durante a primeira fase da revolução. Este último era indispensável porque, embora a política econômica implementada durante os dois primeiros anos da Revolução tenha correspondido à satisfação das necessidades sociais básicas (como melhora da alimentação, saúde pública, educação, habitação etc.),[1] ela não tinha se fundamentado numa base econômica sólida. A herança que o capitalismo dependente deixou tornou inevitável que a política revolucionária que buscava elevar o nível de vida do povo tivesse que ser implementada na base de grandes *déficits* orçamentários e o desencadeamento de um processo inflacionário. Consequentemente, na primeira fase da Revolução, se formou a contradição entre uma política de bem-estar social e os precários recursos econômicos disponíveis, surgindo, dessa forma, verdadeiros impasses. Por exemplo, os salários aumentaram, mas esses aumentos não eram correspondidos por um aumento da produção, o que criava um desequilíbrio entre a capacidade de consumo e a capacidade produtiva. Em con-

---

[1] Por exemplo, Che Guevara, num discurso em Punta del Este em 1961, afirma que a vinculação de recursos para a educação era da ordem de 5,3% da renda nacional. "Os países desenvolvidos destinam de 3 a 4%, e a América Latina de 1 a 2% da renda nacional. Em Cuba, 28,3% dos gastos correntes do Estado são para o Ministério da Educação." "O incremento do orçamento da educação elevou-se de 75 milhões, em 1958, a 128 milhões, em 1961, representando 71% de aumento. E os gastos totais de educação, incluindo alfabetização e construções de escolas, foram a 170 milhões, 25 pesos *per capita*." Além disso, é preciso considerar que o ensino era totalmente gratuito. Da mesma maneira, analisando a situação de outras rubricas, como por exemplo, moradia. No mesmo discurso, Che propõe a "eliminação de 40% do *déficit* atual de moradias, incluindo choças [...]", como uma meta de curto prazo do governo. Do mesmo modo, em saúde pública, alimentação etc. são notáveis os gastos do governo em todas essas rubricas. [Nesta nota, optamos por traduzir "*bohíos*" por "choças", casas pequenas e rústicas construídas com palhas, ramos etc., também chamadas de "tapera". (N.S.T.)]

trapartida, a satisfação do aumento da demanda também não podia ser satisfeita por meio de um aumento das importações. A tendência era que o aumento de salários acentuasse o processo inflacionário sem corresponder de forma substantiva a uma elevação efetiva do nível de consumo popular. Essa situação era agravada pela necessidade imperiosa de destinar uma grande parte dos recursos nacionais às atividades militares de defesa da revolução, frente à constante ameaça da contrarrevolução, e à situação de bloqueio econômico por parte do imperialismo.

Essas grandes dificuldades aparecem como um desafio à capacidade empreendedora da revolução, e o governo revolucionário não pode se recusar a aceitar o desafio. Tem que encontrar uma solução, que é buscada por meio de uma estratégia de desenvolvimento cuja linha fundamental de atuação foi estabelecida em dois pontos básicos: reorientação radical da política agrária e industrialização.

A reorientação da política agrária consistiu na diversificação da produção e na diminuição do cultivo de cana-de-açúcar. Esta última correspondia à escassez de mão de obra agrícola produzida depois do triunfo da revolução, cuja razão se encontra na atração que significava a abertura de novas atividades econômicas nas cidades. Além disso, uma grande porcentagem de mão de obra era tirada do setor produtivo, pela transição de um importante contingente de pessoas a outras atividades; é o caso dos filhos menores dos camponeses, dos quais uma parte considerável recebeu bolsas do Estado para estudar, com o objetivo de preparar novos técnicos nas múltiplas carreiras, a fim de reduzir a escassez de profissionais (escassez que era agravada pela emigração de técnicos e profissionais).[2]

---

[2] Sobre o problema da escassez de mão de obra, Che Guevara afirma, no ano de 1963, que "o desequilíbrio anterior entre os salários da cidade e do campo provocou um êxodo relativo do povo do campo para a cidade e também uma relativa escassez de mão de obra que se viu nas safras, nas quais havia um constante excedente de força de trabalho oferecido nas épocas capitalistas.

DIFICULDADES ECONÔMICAS NA TRANSIÇÃO AO SOCIALISMO

Porém, de todo modo, ainda que o problema da escassez de mão de obra fosse grave, não implicava, por si só, a mudança da política agrária, que consistiu em diminuir intencionalmente a produção do principal produto de exportação. Isso se baseava no pressuposto de que era necessário romper violentamente com a estrutura econômica imposta pela monocultura, herança do passado capitalista. Cuba exportava açúcar aos EUA e importava deles praticamente tudo o que necessitava consumir. Quebradas as relações econômicas com a América do Norte, o país ficou sem os mecanismos de satisfação das suas necessidades básicas de importação. A lógica do racionamento anterior conduzia, portanto, a conceber uma estratégia de desenvolvimento destinada a implementar nacionalmente a produção dos recursos agrícolas e industriais para satisfazer as necessidades básicas do povo. É por isso que Che Guevara declara no seu mesmo discurso de Punta del Este as seguintes metas: "em matéria de comércio exterior, aumentará o valor das exportações em 75% em relação ao ano de 1960; se promoverá a diversificação da economia: o açúcar e seus derivados serão por volta de 60% do valor das exportações, e não os 80% de agora."

Junto a isso, Che apresentava no mesmo discurso um ambicioso programa de industrialização, contemplado no primeiro plano de desenvolvimento econômico de Cuba para o próximo quadriênio.

No entanto, nas últimas safras, ainda que tenham sido menores, tivemos problemas graves na força de trabalho." Fazendo uma projeção para o próximo período, ele estima que "neste 1964 também teremos que utilizar a colaboração voluntária dos operários para completar a equipe de cortadores, apesar de já terem sido introduzidos no cultivo da cana-de-açúcar alguns avanços como a marcha mecanizada e o corte em brigada". Implantación Nacional de Normas de Trabajo y Escala de Salarios, informe ofrecido por la Televisión. [La Habana], 30 dec. 1963. "La economía socialista: debate". Barcelona: Nova Terra, 1964. p. 230-322. É interessante observar que, embora a liderança revolucionária tivesse consciência da escassez de mão de obra para a cana-de-açúcar, das palavras de Che se pode inferir que não imaginavam a sua extensão, ou seja, que o trabalho voluntário nesse setor seria necessário de forma progressiva, como é até hoje [1973], apesar de todos os esforços de mecanização utilizados.

A taxa de crescimento global será de 12%, ou seja, mais de 9,5% *per capita* líquido. *Em relação à indústria, transformação de Cuba no país mais industrial da América.* É estimado em relação a sua população, conforme indicado pelos seguintes dados: *Primeiro lugar na América Latina na produção* per capita *de cimento, energia elétrica e, excetuando a Venezuela, refino de petróleo, primeiro lugar na América Latina em tratores, raiom, calçados, tecidos etc. Segundo lugar no mundo em produção de níquel metálico* (até hoje, Cuba só tinha produzido concentrados), a produção de níquel em 1969 será de 70 mil toneladas métricas, o que constitui aproximadamente 30% da produção mundial; e, além disso, produzirá 2.600 toneladas métricas de cobalto metálico; *produção de 8,5 a 9 milhões de toneladas de açúcar; início da transformação da indústria açucareira em sucroquímica.*

[...] serão feitos investimentos na indústria de mais de um bilhão de pesos – o peso cubano equivale ao dólar – na instalação de 800 megawatts de geração elétrica. Em 1960, a capacidade instalada – excetuando a indústria açucareira, que trabalha sazonalmente – era de 621 megawatts. Instalação de *209 indústrias,* entre as quais as mais importantes são as 22 seguintes: uma nova planta de *refino de níquel metálico,* o que elevará o total a 70 mil toneladas; *uma refinaria de petróleo* para 2 milhões de toneladas de petróleo cru; *a primeira planta siderúrgica* de 700 mil toneladas, e que nesse quadriênio chegará a 900 mil toneladas de aço; a aplicação das nossas plantas para produzir *tubos de aço com costura* em 25 mil toneladas métricas; *tratores,* 9 mil unidades anuais, *motocicletas,* 10 mil unidades anuais; três plantas de cimento e ampliação das existentes para um total de 1,5 milhão e quinhentas toneladas métricas, o que elevará nossa produção a 2,5 milhões de toneladas anuais; *embalagens metálicas,* 201 milhões de unidades; a ampliação das nossas fábricas de *vidro* em 23.700 toneladas métricas anuais; em vidro plano, um milhão de metros quadrados; uma fábrica nova de *aglomerados de bagaço de cana-de--açúcar,* 10 mil metros cúbicos; uma planta de *celulose de bagaço,* 60 mil toneladas métricas, parte de uma de *celulose de madeira* para 40 mil toneladas métricas; uma planta de *superfosfato simples,* para 70 mil toneladas ou 81 mil toneladas de superfosfato triplo, 132 mil toneladas de ácido nítrico; 85 mil toneladas métricas de amoníaco; oito novas fábricas têxteis e ampliação das existentes com 451 mil usos; uma fábrica de sacos de *kluaf,* para 16 milhões de sacos; e assim, outras de menor importância, até o número de 205 até este momento.[3]

---

[3] *Id, ibid.* Destaques nossos.

O que essas metas descritas por Che refletem? Um projeto de desenvolvimento demasiadamente ambicioso e que o país ainda não tinha condições de cumprir. O que se buscava era transformar rapidamente Cuba "no país mais industrial da América", criando as condições indispensáveis para o desenvolvimento da indústria de base.

Porém, acontece que esse grande esforço de industrialização, ainda que contasse com um grande aporte do campo socialista, particularmente da URSS,[4] teria necessariamente que ser financiado, em grande parte, pelo setor primário-exportador e, na medida em que o principal produto – a cana-de-açúcar – baixasse a sua produção, isso repercutiria imediatamente sobre o orçamento da nação, tornando inviável o financiamento de metas tão grandes como as contempladas por Che. A diminuição da safra foi notável, como se pode constatar pelos seguintes dados:

1961 – 6,5 milhões de toneladas de açúcar

1962 – 4,8 milhões de toneladas de açúcar

1963 – 3,8 milhões de toneladas de açúcar

Isso acarretava uma diminuição sensível das divisas disponíveis para a importação, o que era agravado pela necessidade de intensificar a importação de maquinário, equipamentos e matérias-primas para a industrialização. A consequência: um agudo déficit na balança de pagamentos, o que piora a difícil situação do conjunto da economia. Nas palavras de Che, referindo-se à política de diversificação: "em vez de levar o processo em termos relativos, se levou em graus absolutos".[5]

Essa primeira estratégia de desenvolvimento teria que fracassar. Cuba pagaria o preço de querer superar de forma tão rápida as he-

---

[4] O total de créditos concedidos pelo campo socialista chegava, até o momento, segundo anunciava Che, à ordem de 357 milhões de dólares.

[5] Guevara, Che. "Cuba, su economía, su comercio exterior, su significación en el mundo actual". *In: Obra revolucionaria*. [La Habana]: Comisión de Orientación Revolucionaria de Dirección Nacional de PURSC, [*s.d.*], p. 620.

rancas do atraso econômico do capitalismo dependente. E é nesse sentido que se deve entender essa consideração de Che, que, mais que uma autocrítica, revela uma consciência das grandes dificuldades que devem ser superadas para assentar as bases de uma vigorosa economia socialista: "Até que ponto foi culpa nossa e não imposição natural das circunstâncias, a história deverá dizer."[6]

As dificuldades enfrentadas pela Revolução merecem ser consideradas mais a fundo com o objetivo de estabelecer quais são as dificuldades de um processo revolucionário para superar as heranças do capitalismo dependente, em países como Cuba. Nesse sentido, o caso cubano ilustra bem a especificidade das contradições que se originam entre o setor exportador e a indústria na economia de transição ao socialismo. Sendo Cuba um país dependente, onde a acumulação de capitais se realizava passando pelo exterior, pela exportação de seu principal produto agrícola e da importação dos equipamentos e maquinário necessários para manter o funcionamento do setor primário-exportador, para enfrentar o problema da industrialização, era preciso primeiro rearticular seu comércio internacional, a fim de poder criar as condições de desenvolvimento da reprodução ampliada socialista no plano da economia nacional.

É distinta a situação cubana, portanto, da que viveu a União Soviética durante os anos 1920. Ali, para se desenvolver, a indústria precisava que se intensificasse a produção agrícola, porém, ao mesmo tempo, a fim de que se processasse a "acumulação primitiva socialista", ela teve que retirar seus recursos do campo, pegando não apenas parte da mão de obra e transferindo-a para as fábricas, mas, além disso, restringindo ao mínimo a disponibilidade desses recursos pelos camponeses. Essa foi a principal condição para o crescimento da economia industrial soviética, e o que explica historicamente a necessidade da coletivização forçada implementada por Stálin.

---

[6] *Id., ibid.*, p. 621.

DIFICULDADES ECONÔMICAS NA TRANSIÇÃO AO SOCIALISMO

Contudo, em Cuba o problema não adquiriu esse caráter, porque a agricultura cubana de exportação se baseava fundamentalmente na mão de obra assalariada, o que facilitava a coletivização e, além disso, a revolução se produz quando já existia um campo socialista consolidado, o que permite que se disponha de uma grande ajuda. Mas é necessário levar em conta que, num país dependente como Cuba, a indústria depende de um produto fundamental de exportação para se desenvolver. Isso explica as grandes dificuldades, que são inevitáveis até que sejam superados os resquícios de atraso acumulados pela herança do capitalismo.

É por isso que, se se considera que a primeira estratégia de desenvolvimento foi um fracasso, é necessário especificar devidamente as causas que, em última instância, o explicam e justificam historicamente. Nada melhor para isso do que recorrer à explicação de Fidel. Ele reconhece que o povo cubano tem que fazer sacrifícios, devido às deficiências e inexperiência dos revolucionários. No entanto, a principal razão dos sacrifícios é buscada:

> [na] agressão econômica, bloqueio, isolamento político, sabotagem e agressões militares [...]. Nos impuseram sacrifícios? Sim. Como poderia ser de outra maneira? Se a nossa economia era pobre, se o nosso país era um país subdesenvolvido e foi agredido brutalmente, proibiram a exportação de matérias-primas, de peças de reposição de fábricas que vinham daquele país. Como não iriam nos impor sacrifícios, se nosso país era uma colônia ianque, onde tudo dependia do ianque e onde tudo ia parar nos ianques?
>
> Mas nossos sacrifícios são, em primeiro lugar, consequência de termos feito uma distribuição muito mais equitativa pela qual centenas de milhares de cubanos que não tinham antes uma migalha para pôr na boca, hoje têm o que pôr na boca, hoje têm um pão para seus filhos, ou um copo de leite. Hoje eles têm um salário para levar para casa [...].
>
> Por isso, podemos proclamar ao mundo que *nossos sacrifícios de hoje não são consequência de deficiências da Revolução em si mesma, mas são, na verdade, consequência das agressões imperialistas [...]. E que esses sacrifícios não são provocados pelas leis da transformação revolucionária, mas ao contrário, esses sacrifícios significam a vitória*

dos nossos povos sobre o imperialismo. Sacrifício não é, portanto, fracasso. Sacrifício é triunfo. Sacrifício é vitória.[7]

Todas essas considerações são importantes a fim de desqualificar um certo tipo de crítica que se tem feito de forma superficial ao processo rápido de socialização da agricultura cubana. Segundo certos críticos, os desequilíbrios no campo foram provocados pela rápida passagem da forma cooperativa à forma *sovcoziana* [Fazendas do Povo]. No entanto, é necessário ressaltar que os desequilíbrios são intrínsecos ao processo de superação do capitalismo dependente. Nenhum processo revolucionário se faz sem desencadear profundas contradições. A capacidade e a correção histórica de uma direção revolucionária se mede pela sua capacidade de enfrentar e de resolver tais contradições e não de evitá-las, pretensão que seria absurda.

Feitas essas considerações de caráter geral sobre alguns dos problemas teóricos e práticos que a transição ao socialismo apresenta em Cuba, voltamos ao ponto em que a análise das dificuldades da primeira estratégia de desenvolvimento se deteve.

A situação crítica da economia era agravada pela precária disponibilidade de mão de obra especializada,[8] assim como pela escassez de quadros técnicos. Por exemplo, na própria intervenção de Che sobre a "Implantação Nacional de Normas de Trabalho e Escala de Salários", se apresentam os oito grupos de qualificações salariais em que se dividiu a força de trabalho operária com que Cuba contava. Che dizia que:

> [...] o grupo um é a qualificação mais elementar de operários; isto é, aqueles que, para realizar seu trabalho, contam praticamen-

---

[7] Castro, Fidel. "Discurso realizado en el día 1 de mayo de 1962". *In: Obra revolucionaria*, n. 15. [La Habana]: Comisión de Orientación Revolucionaria de Dirección Nacional de PURSC, [*s.d.*], p. 23, destaques nossos.

[8] Esse problema era tão grave que, até o ano de 1963, havia em Cuba fábricas que já haviam sido completamente instaladas, mas que não podiam funcionar até que seu pessoal voltasse dos países socialistas, onde haviam ido adquirir especialização.

te só com a força física, são 20,9% dos operários e projetaram 25,4%. A maior desproporção se observa no grupo dois, onde há, atualmente, 30,8% dos operários e projetaram 16,9%, então os números começam a coincidir e percebe-se que, no final, os 4% projetados na categoria oito são superiores a 1% dos grupos atuais. *Isso nos indica que nos primeiros níveis, isto é: no um, dois e três, onde a qualificação é menor, há pouco mais de 61% dos operários em Cuba.* Ou seja: a grande maioria da nossa força de trabalho está nos primeiros níveis de qualificação. Isso indica, além disso, que a qualificação no geral no país é muito baixa. [...] Além disso, a qualificação dos nossos operários é tão baixa e, em geral, é necessária uma experiência tão grande para chegar aos últimos níveis – ou seja, aos níveis superiores –, que realmente podemos adiantar que muitos anos se passarão antes que, mesmo nas atuais condições de Cuba, haja mais oferta do que demanda por força de trabalho.[9]

Mas, além dessas dificuldades, existiam as deficiências e falhas no sistema de planejamento, devido ao fato de que ainda se contava com pouca experiência e com poucos especialistas.

De todo modo, o crescimento industrial no período 1961-1962 foi de 8% (se previa 10%), o que representou uma porcentagem alta, ainda que insuficiente se forem consideradas as metas propostas.

Já no final de 1962, era patente a situação crítica da economia e era indispensável adotar medidas drásticas, a fim de corrigir os erros e lançar as bases para a elaboração de uma nova política econômica, ou seja, de uma nova estratégia de desenvolvimento socialista.

A reorientação do desenvolvimento socialista

Tentaremos sintetizar, em linhas muito gerais, em que consistiu a reorganização da economia, ou seja, como o governo revolucionário tratou de resolver as contradições geradas pelo processo de acumulação socialista.

---

[9]   Guevara, Che. O*p. cit.*, p. 232-233, destaques nossos.

a) A política redistributiva

Nessa linha, o objetivo era continuar implementando – e mesmo intensificando em muitos casos – a política de bem-estar social, pela destinação de importantes recursos à construção de obras públicas, educação, saúde, habitação etc. Se buscava, portanto, manter a política de redistribuição indireta. A orientação básica seguia sendo a de aproveitar ao máximo os recursos nacionais e fazer com que os sacrifícios impostos pelo desenvolvimento fossem compartilhados de forma mais equitativa pelo conjunto do povo.[10]

A política de racionamento começa a ser implementada e, alguns meses depois, também serão aplicadas, em âmbito nacional, as novas normas trabalhistas e a escala salarial (a partir de 1963), por meio dos quais, pela primeira vez, foram unificados os critérios de regulamentação do trabalho e dos salários, e nos quais se contemplavam aumentos de salários de maneira planejada, viável e moderada.[11] Além disso, se estabelece um sistema de emulação produtiva socialista e começam a usar estímulos ao trabalho.

---

[10] "Essa revolução foi generosa durante os primeiros anos e hoje já não pode se dar com a mesma generosidade. Talvez tenha havido um desperdício de seus bens, mas disso não nos arrependemos. Não podemos nos arrepender de nossos hospitais e nossas escolas, não podemos nos arrepender de nossas bolsas de estudo e do número de camponeses que agora recebem remédios e assistência médica em todos os cantos do país. Talvez possamos nos arrepender de algum centro turístico demasiado elegante, ainda que na realidade eles também sejam dos trabalhadores. Podemos também lamentar algum dinheiro investido em uma construção que não era das mais necessárias. No entanto, no fundamental, todo o dinheiro do povo foi para a construção de bens sociais para o povo, bens materiais que não se contam em pesos e centavos todos os dias, mas que aliviam o orçamento familiar em todos os rincões do país." Guevara, Che. "Discurso en el acto de entrega de premios a los obreros destinguidos en la emulación nacional, el 30 de abril de 1962", *in: Obra revolucionaria*, n. 15. [La Habana]: Comisión de Orientación Revolucionaria de Dirección Nacional de PURSC, [*s.d.*]. p. 7-8.

[11] Sobre este ponto, veja a exposição de Che Guevara em *Implantación Nacional de Normas de Trabajo y Escala de Salarios*. Informe dado pela Televisão. [La Habana], 30 dec. 1963. La Economía Socialista: debate. Barcelona: Nova Terra: 1964.

b) A política agrária

A partir de 1963, volta a ser dada prioridade à agricultura sobre a indústria. O orçamento contempla um gasto maior para a agricultura: 261 milhões de pesos. E 247 milhões para a indústria. Nos próximos anos, essa prioridade se afirmará ainda mais: em 1964, serão destinados 343 milhões à agricultura e só 194 à indústria.

No ano de 1963, se promulga a lei da segunda reforma agrária, pela qual são nacionalizadas as propriedades médias (entre 5 e 30 *caballerías*, ou seja, de 67 a 400 hectares). Além disso, se promove um processo de concentração das fazendas, transformando-as em grandes fazendas estatais. Em contrapartida, o sistema de diversificação local foi abandonado e um sistema nacional baseado na especialização regional foi estabelecido.

c) As linhas gerais de desenvolvimento

Três linhas fundamentais de desenvolvimento são definidas, e sintetizadas da seguinte forma por Che:

> Por enquanto podemos apontar as três vias principais com que se contarão para o desenvolvimento econômico cubano até 1970, pelo menos. O açúcar seguirá sendo nossa receita principal e seu desenvolvimento futuro implicará o aumento da capacidade de produção atual em 50%. Paralelamente a isso, será produzido um desenvolvimento qualitativo no setor açucareiro, representado por uma elevação substancial dos rendimentos agrícolas por unidade de superfície e uma elevação da tecnificação e grau de instrumentalização do setor agroindustrial, o que tende a recuperar o terreno perdido em eficiência nos últimos 10 a 15 anos em que a ausência de estímulos, dada a paralisação do crescimento do nosso mercado, levou a uma estagnação tecnológica. Com as novas possibilidades abertas nos países do campo socialista, o panorama muda radicalmente [...].
>
> Uma segunda linha de desenvolvimento industrial com que Cuba conta é o níquel. As riquezas naturais que as lateritas da zona nordeste de Cuba representam significam um grande potencial para o desenvolvimento do coração da indústria metalúrgica ali [...].
>
> Como terceira e última linha de desenvolvimento, que por agora podemos apontar, está a pecuária [...]. No transcurso de pou-

co mais de uma década, a produção pecuária cubana terá uma importância unicamente igualada pela da indústria açucareira. Depois de satisfazer suas necessidades em níveis muito elevados, Cuba poderá contar com excedentes de carne e derivados lácteos para a exportação.[12]

A direção revolucionária estava convencida de que tinha que melhorar o aparato de planejamento a fim de torná-lo mais efetivo; tinha que dar preferência, pelo menos na década de 1960, à agricultura, pois ela era a base para a industrialização; tinha que concentrar esforços na política de capacitação da mão de obra, da elevação do nível técnico e científico nacional e da necessidade de fazer cumprir de forma rigorosa as normas de trabalho; e tinha que seguir adiante com o rápido processo de socialização dos meios de produção, desenvolver o sistema sovcoziano no campo e aumentar também rapidamente o controle do aparato estatal sobre a produção e a distribuição.

Se tratava então de alcançar essas metas e, para isso, surgiam na nova sociedade cubana as condições fundamentais que provinham do alto nível de consciência revolucionária das massas, assim como das formas orgânicas pelas quais este se expressava. Foi formado o Partido Unido da Revolução Socialista, representante máximo nesse período dos interesses proletários e, por meio dele e do governo revolucionário – entre os quais havia uma estreita inter-relação –, se efetivava a condução política na nova etapa de transformação socialista da economia e sociedade cubanas.

---

[12] *Id., ibid.*, p. 623-624.

SELEÇÃO DE FONTES CONSULTADAS SOBRE CUBA E A REVOLUÇÃO CUBANA

Livros

ARANDA, Sergio. *La Revolución Agraria en Cuba*, México: Siglo XXI, 1969.

ARGENTER, José Miro. *Cuba: Crónicas de la Guerra*. La Habana: Ciencias Sociales, 1968.

ACOSTA, Maruja; Hardoy, Jorge E. *Reforma Urbana en Cuba Revolucionaria*, Caracas, Síntesis Dos Mil, 1971.

CASTRO, Fidel. *Discursos para la Historia*. Tomo 2 (Marzo 1º a Mayo 1º,1959), La Habana, 1959.

CASTRO, Fidel. *La Revolución Cubana*. Selección y notas de Adolfo Sánchez Rebolledo. México: Ediciones Era, 1972.

CASTRO, Fidel. *Socialismo y Comunismo: un proceso* único. Selección y notas de Carlos Varela. Santiago de Chile: PLA, 1970.

CASTRO, Fidel. *Fidel en Chile*, Santiago de Chile: Quimantú. 1972.

CHOMON, Faure. *El Asalto al Palacio Presidencial*, La Habana: Ciencias Sociales, 1969.

CRONOLOGIA de la Revolución 1959-1965, Escuelas de Instrucción Revolucionaria del P.C.C.

DIAS de *Combate,* La Habana: Instituto del Libro, 1970.

DOCUMENTOS de la Política Exterior Cubana, La Habana: Ciencias Sociales, 1971.

DEPARTAMENTO de Filosofía, *Pensamiento Revolucionario Cubano*, La Habana: Ciencias Sociales, 1971.

DUMONT. René, *Cuba ¿es Socialista?,* Venezuela: Tiempo Nuevo, 1970.

ESTRADA. Ezquiel Martinez, *Martí: el héroe y su acción revolucionaria,* México: Sigla XXI,1969.

GUEVARA, E. Che. *Obra Revolucionaria,* México: Era, 1967

GUEVARA E. Che, BETTELHEIM, Charles; MANDEL, Ernest y otros, *La Economía Socialista: Debate*. Barcelona: Nova Terra,1968.

GUTELMAN, Michel. *La Agricultura Socializada en Cuba*. México: Era, 1970.

HUBERMAN. Leo; SWEEZ, Paul M. *Cuba Anatomía de una Revolución,* La Habana: Vanguardia Obrera. 1960.

HUBERMAN. Leo; SWEEZ, Paul M. *El Socialismo en Cuba.* México: Nuestro Tiempo, 1969.

LATASTE, Alban. *Cuba ¿Hacia una Nueva Economía Política del Socialismo?* Santiago de Chile: Ed. Universitaria, S. A., 1968.

LE RIVEREND, Julio. *Historia Económica de Cuba,* La Habana: Instituto del Libro. 1967.

LOWY, Michel. *El Pensamiento de Che Guevara.* México: Siglo XXI, 1971.

KAROL, K. S. *Les Guerrilleras au pouvoir l'itinéraire politique de La* révolution *cubaine,* Paris: Editions Robert Laffent, 1970.

SARTRE. Jean P. *Visita a Cuba.* La Habana: Ediciones R., 1960.

SANTOS. Oscar Pino. La *Estructura Económica de Cuba y* la *Reforma Agraria,* La Habana: Tierra Nueva, 1959.

VINOCOUR. Marcus. *Cuba Nacionalismo y Comunismo.* Buenos Aires: Ed. Hemisferio, 1966.

Artigos

AYON. María de los A., "La Liga General de Trabajadores Cubanos". *Bohemia,* Cuba, n. 41, 1972.

AGUIRRE. Sergio, "Algunas Luchas Sociales en Cuba Revolucionaria". *Cuba Socialista.* La Habana, n. 49, 1965.

BARAN, Paul. "Reflexiones sobre la Revolución Cubana". *El Trimestre Económico,* n. 111, 1961.

BOTT, Regino. "El Plan de la Economía Nacional de Cuba para 1962", *Cuba* Socialista, La Habana, n. 4, 1961.

CASTRO, Fidel. "El Movimiento 26 de Julio". *Pensamiento Crítico.* La Habana, n. 31, 1969.

THOMAS, Hugn, "La Revolución Cubana y sus raíces Históricas", *Estudios Internacionales,* Santiago de Chile, n. 16, 1971.

GROBART, Fabio. "El Movimiento Cubano de 1925 a 1933". *Cuba Socialista.* La Habana, n. 60, 1966.

LARA, José Bell, "La Fase Insurreccional de la Revolución Cubana". Punto Final, Santiago de Chile, agosto de 1972.

LOECHES. Enrique Rodríguez. "El Crimen del Humboldt 7". *La Sierra y el Llano,* La Habana. Casa de las Américas. 1951.

MORO. Aleida Plasencia, "Jesús Menéndez", *Cuba Internacional.* La Habana, abril de 1972.

OTERO, Germán Sánchez. "El Moncada Inicio de la Revolución Cubana", *Punto* Final, Santiago de Chile, julio de 1972.

PEREZ. Faustino. "Yo vine en el Granma". *La Sierra y el llano*, La Habana, Casa de las Américas, 1961.

ROCA, Blas. "Para Recordar el Cuarenta y Cinco aniversario", *Verde Olivo*, La Habana, n. 33. 1972.

RODRIGUEZ, Carlos Rafael. "Cuatro años de Reforma Agraria". *Cuba Socialista*, n. 21, La Habana, 1963.

REYES, Inaudis Kindelán. "Centenario de dos acontecimientos importantes en el Movimiento Obrero Cubano", *Cuba Socialista*. La Habana, n. 52.

ROMEO, Carlos. "Acerca del Desarrollo Económico de Cuba". *Cuba Socialista,* La Habana, n. 52, diciembre de 1965.

SUAREZ. Adolfo. "Estampas del Movimiento Obrero Cubano". *Bohemia,* Cuba, n. 36, 1972

SARUSKY. Jaime. "Camilo: el guerrillero y el político". *Bohemia.* Cuba, n. 43, 1972.

TABARES, José, A. "Apuntes para la Historia del Movimiento Revolucionario 26 de Julio", *Pensamiento Crítico.* La Habana, n. 31, 1969.

Documentos

AGRUPACION Universitaria Católica, "Encuesta de Trabajadores Rurales, 1956-1957", *Economía y Desarrollo,* La Habana, n. 12.

ROCA, Blas, *La Vlll Asamblea Nacional del Partido Socialista Popular de Cuba,* La Habana, 1960.

BOTl, Regino, "Informe de la Reunión Nacional de la Producción", *Obra* Revolucionaria. La Habana, n. 30. 1961.

CASTRO, Fidel. *La Historia me Absolver*á. La Habana: Ciencias Sociales, 1971.

CASTRO, Fidel. *Mensaje al Congreso de Militantes* Ortodoxos. La Habana.

CASTRO, Fidel. "Manifiesto n. 2 del 26 de Julio al Pueblo de Cuba", *Pensamiento Crítico,* La Habana, n. 21.

CASTRO, Fidel. "Manifiesto n. 1 del 26 de Julio al Pueblo de Cuba", Pensamiento *Crítico,* La Habana, n. 21, 1968.

CASTRO, Fidel. Discurso pronunciado en la Conmemoración del X aniversario del 9 de abril, *Pensamiento* Crítico. La Habana, n. 28, 1969.

CASTRO, Fidel. "Batalla del Jigüe", *La Sierra y el llano.* La Habana: Casa de Ias Américas, 1961.

CASTRO, Fidel. *Fidel Habla en la ONU,* discurso pronunciado en la ONU en septiembre de 1960. La Habana, Secretaria de Propaganda de la Confederación de Trabajadores de Cuba, folleto N. 9.

CASTRO, Fidel y PÉREZ, Faustino, "Manifiesto del Movimiento 26 de Julio al Pueblo". *Pensamiento Crítico*, La Habana, n. 28, 1969.

CASTRO, Raúl. "Diario de Campaña", *La Sierra y el llano*. La Habana, Casa de las Américas, 1961.

CIENFUEGOS. Camilo. "La Invasión de las Villas". (Diaria de Campaña). *La Sierra y el llano*. La Habana, Casa de las Américas, 1961.

"CIENFUEGOS: La Sublevación de la Marina", *La Sierra y el llano*. La Habana, 1961.

CEPAL, *Estudio Económico de América Latina*. Santiago de Chile, Naciones Unidas, 1918.

"DECLARACION de Santiago de Cuba", *Cinco Documentos,* La Habana: Ciencias Sociales, 1971.

DORTICOS, Osvaldo Torrado. *Relación Entre los Cambios Económicos y Políticos en la Sociedad Cubana*, charla pronunciada el 14 de junio de 1961 en el Teatro de Minfar, publicación sin referencia.

DELEGACION de Cuba al Seminario Latinoamericano sobre Reforma Agraria. "Una Evaluación de la Reforma Agraria. *Economía y Desarrollo*, La Habana, mayo junio de 1972.

GUEVARA. E. Che. "Mensaje del Che a la Tricontinental". *Cinco Documentos*. La Habana: Ciencias Sociales, 1971.

GUEVARA. E. Che. *Discurso en Punta del Este*. Barcelona: Nova Terra, 1968.

H. R. *Hombres de la Revolución*. Antonio Guiteras (antología de textos), La Habana: Instituto Cubano del Libro. 1971.

H. R. *Hombres de la Revolución:* Julio Antonio Mella (antología de textos), imprenta Universitaria Andre Voisin, 1971.

"LEY de Reforma Agraria" del 3 de junio de 1959, en Antonio Núñez Jiménez, *La Liberación de las islas:* Lex, 1959.

"LEY Constitucional de Reforma Urbana" del 14 de octubre de 1960, mimeo.

MARTI. José, "AI General Máximo Gómez", *Pensamiento Revolucionario Cubano*, La Habana: Ciencias Sociales, 1971.

"MANIFIESTO al Pueblo de Cuba". *Bohemia,* Cuba, n. 35, 1972.

MOVIMIENTO 26 de Julio, "Pensamiento Económico, tesis del Movimiento Revolucionario 26 de Julio", *Pensamiento Político, Económico y Social de* Fidel Castro, La Habana: Ed. Lex, 1959.

PAÍS. Frank, "La Valerosa Acción de Santiago de Cuba", *Pensamiento Crítico,* La Habana, n. 29, 1969.

PAÍS. Frank, "Carta a Fidel Castro". *La Sierra y el Llano,* La Habana: Casa de las Américas, 1961.

PAÍS. Frank, "Carta a Fidel Castro", *Pensamiento Crítico,* La Habana, n. 29, 1959.

PARTIDO Socialista Popular, "Tesis sobre la situación Actual", *Hoy,* La Habana, 11 de enero de 1969.

"PRIMERA Declaración de La Habana", *Cinco Documentos,* La Habana: Ciencias Sociales, 1971.

PEREZ, Faustino, "Entrevista a periodistas en el Seminario Latinoamericano de periodistas'". *Pensamiento Crítico.* La Habana, n. 28, 1969.

SANCHEZ, Germán; BELL LARA, José. "Seminario sobre la Revolución Cubana", Tomo I, *Documento de Trabajo n. 4.* Centro de Estudios de la Realidad Nacional –CEREN, Universidad Católica de Chile, mimeo.

"SEGUNDA Declaración de La Habana", *Cinco Documentos,* La Habana: Ciencias Sociales, 1971.

Publicaciones Periodicas:

BOHEMIA, Cuba.

CASA DE LAS AMERICAS, La Habana.

CUBA INTERNACIONAL. La Habana, Ed. Agencia Prensa Latina.

CUBA SOCIALISTA, La Habana.

ECONOMIA Y DESARROLLO. La Habana, Ed. del Instituto de Economía. de la Universidad de La Habana.

EDICIONES COR, editado por la Comisión de orientación revolucionaria del Comité Central del Partido, Instituto Cubano del Libro, La Habana.

EL MILITANTE COMUNISTA. Cuba. ed. por la secretaria de organización y la Comisión de Orientación. Revolucionaria del Comité Central del Partido Comunista de Cuba.

*GRANMA. ó*rgano oficial del Comité Central del Partido Comunista de Cuba, La Habana.

HOY, órgano oficial del Comité Central del Partido Socialista Popular, La Habana.

OBRA *REVOLUCIONARIA,* La Habana, editado por la Comisión de Orientación Revolucionaria de la Dirección Nacional del PURSC.

PENSAMIENTO CRÍTICO, La Habana.

REFERENCIAS, Universidad de La Habana, La Habana, Instituto Cubano del Libro.

VERDE OLIVO, La Habana, Órgano de las Fuerzas Armadas Revolucionarias.

APÊNDICE

REPERCUSSÕES DA REVOLUÇÃO CUBANA NA AMÉRICA LATINA[1]

Vânia Bambirra

Não é possível fazer aqui uma análise exaustiva de todas as repercussões da Revolução Cubana na América Latina. Por isso, me deterei naquelas que considero as mais importantes e que são de caráter sociopolítico. A projeção da Revolução Cubana teve e tem implicações profundas na luta revolucionária no continente. Causou, portanto, também, um amplo impacto nas Ciências Sociais, particularmente, na Ciência Política. Essa ressonância alcançou tanto a Ciência Social comprometida com a luta revolucionária – que em nosso juízo é a ciência como tal – quanto a chamada "Ciência" Social comprometida com os interesses burgueses de manutenção do capitalismo dependente. Em ambos os casos, a Revolução Cubana teve ampla projeção.

Apontarei, então, brevemente, minha opinião sobre o que são as mais importantes projeções sociopolíticas da Revolução Cubana na América Latina para, em seguida, destacar as suas implicações nessas duas grandes correntes das Ciências Sociais.

---

[1] Transcrição da conferência proferida na mesa redonda "Projeção Continental da Revolução Cubana". Cidade do México, 1º de dezembro de 1975, Faculdade de Ciências Políticas da Universidade Nacional Autônoma do México (Unam). Fonte: Acervo do Memorial-Arquivo Vânia Bambirra. Tradução de Carla Cecilia Campos Ferreira.

É necessário, previamente, uma breve contextualização histórica da América Latina no momento em que triunfa a Revolução Cubana.

O ano de 1959 marca o fim de uma década particularmente tumultuada e crucial em todo o continente. Não apenas pelos grandes acontecimentos que fizeram história naquela época – como o suicídio de Vargas, no Brasil; a deposição de Perón, na Argentina; a Revolução Boliviana; a Revolução Guatemalteca e a sua frustração, com a intervenção aberta do imperialismo, entre muitos outros acontecimentos –, mas devido ao que representavam: a crise do nacionalismo populista.

Essa década marcou o fim de uma era e o início de uma nova. Sim, na década de 1950 ocorreram acontecimentos transcendentais para o destino de nossos povos, e foi marcada pelo início da penetração massiva do capital estrangeiro na indústria manufatureira por meio de investimentos diretos. Marca, portanto, o início do processo sistemático de desnacionalização da propriedade privada dos meios de produção e, com isso, o início do fim dos projetos de desenvolvimento nacional autônomos capitalistas. As burguesias e pequenas burguesias que apoiaram essas bandeiras por meio de lutas guiadas pela ideologia nacionalista-populista perceberam que essa orientação era uma vã ilusão. E que o capitalismo dependente não poderia reagir como tal à dominação imperialista... A classe trabalhadora e os setores populares em geral também começam a perceber essa grande verdade.

A Revolução Cubana ocorre nesse contexto histórico de superação do nacionalismo-populista e é, sem dúvida, a sua melhor expressão.

Pois bem, como parte das lutas latino-americanas, a Revolução Cubana apresentou no seu início, na sua fase de luta nacional e democrática, características semelhantes às lutas de classes que então eram travadas em todo o continente. Mas a Revolução Cubana foi a única experiência latino-americana que conseguiu atingir rápida e profundamente esses objetivos e, exatamente por isso, conseguiu demonstrar – e essa é sem dúvida a maior realização de Cuba revolucionária – que o nacionalismo e a democracia, com um conteúdo autenticamente popular, só podem ser alcançados superando o capitalismo dependente e avançando em direção ao socialismo.

A Revolução Cubana contribuiu, assim, decisivamente, para radicalizar a luta anti-imperialista na América Latina, expondo as limitações e falácias do anti-imperialismo burguês e, da mesma forma, contribuiu para desmascarar o reformismo burguês e pequeno-burguês.

Outra grande realização da Revolução Cubana foi demonstrar, na prática, que a luta revolucionária, anti-imperialista e pelo socialismo pode ser realizada com êxito num país latino-americano pequeno e pouco desenvolvido. E que, apesar da incrível superioridade de recursos bélicos e econômicos do imperialismo, este pode ser derrotado.

Outra grande repercussão da Revolução Cubana no continente que durante muito tempo foi pouco compreendida pelas novas organizações de esquerda, especialmente na década de 1960, trata-se do papel da classe trabalhadora no processo revolucionário. Embora durante a última década tenha havido uma tentativa de enfatizar o papel do campesinato como força motriz por excelência, a verdade é que Cuba confirmou mais uma vez a ortodoxia marxista: o proletariado cubano em aliança com o campesinato pobre compôs as forças motrizes fundamentais da revolução.

Outra das grandes projeções da Revolução Cubana é, sem dúvida, toda essa riquíssima experiência de construção do socialismo em nosso continente. Quer dizer, um país latino-americano que começa a construir uma nova sociedade a partir de condições econômicas de considerável atraso, comuns a vários dos outros países latino-americanos. Cuba demonstra como é possível, a partir de um esforço intenso do povo e contando com a ajuda fraterna do campo socialista, iniciar a construção do socialismo numa sociedade cuja base econômica fundamental era o setor primário-exportador.

Mas Cuba também projeta agora para a América Latina a sua maravilhosa experiência de construção de um poder popular, cuja inspiração mais remota é a Comuna de Paris e a mais próxima são os sovietes. Dessa forma, o povo cubano se aproxima a passos muito largos de seu autogoverno por meio da mais ampla participação das massas na gestão estatal: pela sua interferência direta em muitas das tarefas do governo; por meio da implementação de um sistema de sufrágio quase universal, com o direito de revogar o mandato de qualquer um dos seus representantes, e mediante o amplo funcionamento de tribunais populares. Em suma, pela descentralização de atividades de caráter crucial, econômicas e anti-imperialistas. Assim, com base nas melhores experiências e tradições revolucionárias, Cuba recria no continente, de acordo com as suas condições específicas, a ditadura do proletariado.

Essas são, em termos gerais, as maiores projeções da Revolução Cubana para a América Latina.

Evidentemente, existem inúmeras repercussões da Revolução Cubana no âmbito das táticas revolucionárias que não temos tempo para discutir aqui. Vale ressaltar, porém, que foi sob sua influência que se criou, em quase todos os países latino-americanos, uma "nova esquerda" que tentou assimilar seus ensinamentos e aplicá-los à luta.

Lamentavelmente, nem sempre os ensinamentos mais transcendentais da Revolução Cubana foram bem compreendidos, e fracassos ocorreram por toda a parte... Não foram bem compreendidos nem assimilados porque não se soube captar o mais profundo da experiência cubana. Por um lado, sua capacidade de combinar várias formas de luta, ao contrário do que se acreditou erroneamente, durante um longo período, que a Revolução Cubana valorizasse apenas a guerrilha. Por outro lado, sua imensa flexibilidade tática que se expressava, por exemplo, na celebração de alianças com setores vacilantes, porém, com base no princípio marxista de "marchar separadamente e atacar juntos", pois esses setores, em última análise, se juntam ao processo revolucionário apenas em uma parte do seu caminho. É a capacidade, em última instância, de salvaguardar a independência das classes avançadas. Finalmente, não se soube captar o ensinamento essencial que consiste em saber usar a ofensiva como forma básica de defesa e a ascensão revolucionária das massas para produzir um ponto de viragem na história.

Sem dúvida, a grande transcendência da Revolução Cubana consiste nessa imensurável confiança na capacidade de luta do povo e na aptidão de saber se vincular estreitamente com o movimento de massas.

Ao contrário do que se supunha nos anos 1960, a Revolução Cubana não foi obra de um pequeno grupo isolado das massas que, subitamente, por meio do seu heroísmo inicialmente solitário, conseguiu provocar, em ondas sucessivas, uma insurgência generalizada. Não, a Revolução foi urdida por uma organização revolucionária com profundas raízes populares.

Contudo, é importante não perder de vista que as derrotas momentâneas fazem parte e são inevitáveis em qualquer luta. Como disse Lenin, "as grandes guerras da história, as grandes tarefas das revoluções, só foram realizadas porque as classes avançadas repetiram os seus ataques, não uma ou duas, mas várias vezes. E alcançaram a vitória, ensinadas pelas experiências das derrotas. Os exércitos derrotados aprendem com as suas derrotas e é à custa delas que aprendem a triunfar".

Apesar de a esquerda latino-americana ter falhado imediatamente, todo um novo clima político foi gerado na América Latina. A Revolução Cubana contribuiu ainda, decisivamente, para colocar na ordem do dia toda uma série de lições sociais comprometidas com o processo revolucionário. Esperamos e confiamos que assim seja.

Essa é sem dúvida uma tarefa que os economistas, sociólogos e, sobretudo, os cientistas políticos comprometidos com o processo revolucionário devem enfrentar tanto individual como, sobretudo, coletivamente.

Os ensinamentos das lutas revolucionárias do povo latino--americano e, especialmente, da Revolução Cubana, não devem ser considerados meramente como lutas do passado e que, portanto, contém apenas um valor histórico e acadêmico. Estes devem ser entendidos como um ponto de referência básico para as lutas do porvir. Devemos analisar os processos revolucionários vitoriosos para aprender com eles e devemos também analisar os que falharam para não cometermos novamente os mesmos erros...

E aqui voltamos ao nosso ponto de partida. Para concluir, retomemos a referência que fizemos sobre as repercussões da Revolução Cubana nas Ciências Sociais do continente. Sintetizarei essas consequências em duas direções principais. Por um lado, o impacto da Revolução Cubana contribuiu definitivamente para desmascarar toda uma concepção desenvolvimentista e pró-capitalista, que supunha utopicamente que os países latino-americanos poderiam seguir o mesmo curso do desenvolvimento efetuado nos países imperialistas. Ela desmascarou, assim, a pretensa Ciência Social burguesa. Por outro lado, ao demonstrar que o socialismo é a única forma de superar o atraso, a miséria e, em última instância, a dependência que os envolve, a Revolução Cubana contribuiu, direta e indiretamente, ao desenvolvimento de um profundo questionamento e esforço crítico dos postulados supostamente científicos da burguesia e seus intelectuais. Em suma, ao desenvolvimento da ciência marxista no continente.

Naturalmente, todo o esforço para repensar a nossa realidade com base na ciência proletária ainda está no seu início. E, apesar das relevantes contribuições que foram dadas até agora e que procuram sistematizar a teoria marxista da dependência e da revolução socialista na América Latina, há evidentemente muito que aprender e muito para investigar.